특 허 증
CERTIFICATE OF PATENT

특 허 제 0525479 호
(PATENT NUMBER)

출원번호 (APPLICATION NUMBER)   제 2003-0063714 호

출 원 일 (FILING DATE:YY/MM/DD)   2003년 09월 15일

등 록 일 (REGISTRATION DATE:YY/MM/DD)   2005년 10월 25일

발명의명칭 (TITLE OF THE INVENTION)
한자학습교재

특허권자 (PATENTEE)
김영준(450117-1******)

경기도 성남시 중원구 상대원1동 152-3 삼익아파트 102-508

발명자 (INVENTOR)
김영준(450117-1******)

경기도 성남시 중원구 상대원1동 152-3 삼익아파트 102-508

위의 발명은 「특허법」 에 의하여 특허등록원부에 등록
되었음을 증명합니다.

(THIS IS TO CERTIFY THAT THE PATENT IS REGISTERED ON THE REGISTER OF THE KOREAN
INTELLECTUAL PROPERTY OFFICE.)

2005년 10월 25일

저자 약력

- 남원 서당 南軒 吳奎烈 선생 師事
- 판소리 蓮堂 文孝心, 東丘 金二坤 선생 師事
- 고려대학교 교육대학원 CEO 최고위과정 수료
- 발명특허 한자학습교재 개발 (특허 제 0525479호)
- 발명특허 한자학습교재 개발 (특허 제 0615680호)
- 경기 성남 금상초등학교, 성남초등학교 특기적성교사
- 통일부 하나원, 성남문화원, 서현문화의집 강사
- 건국대학교, 한국능률협회, CBS교육문화센터 강사
- (사)한중문자교류협회 · 한중상용한자능력검정회장
- 한국한자학습개발원 원장

특허받은 쉬운한자 검정대비를 위한-
초등한자 1학년 -100자-

2021년 5월 10일 초판 5쇄 인쇄
2021년 5월 20일 제판 5쇄 발행

엮 은 이 김 영 준
펴 낸 이 박 종 수
펴 낸 곳 태평양저널
주   소 서울특별시 영등포구 신길동 337
전   화 02) 834-1806
팩   스 02) 834-1802
등   록 1991년 5월 3일(제03-00468)

※ 본 교재는 저작권 등록 및 특허 등록된 저작물입니다.
　무단복제를 금하며 동일유사하게 모방하는 행위는
　법의 저촉을 받습니다.

　잘못 만들어진 책은 바꾸어 드립니다.

ISBN 89-9064224-8

정   가 8,000원

– 차　　례 –

이 책의 특징

1. 본문을 한자의 ① 훈 음 ② 독음 ③ 한자어의 뜻으로 간결하게 구성하여, 한자의 삼요소(三要素)를 효과적으로 익힐 수 있도록 하였다.

2. 본문의 '이고요' 부분에는 새로 나온 한자의 훈 음과 독음을 적어 놓았고, '입니다' 부분에는 이전에 배운 한자로 조어(造語)된 낱말의 뜻을 간명하게 설명하여 국어의 정확한 뜻을 확실하게 알 수 있도록 하였다.

3. 효과적인 학습전략으로 10자를 익힌 후 곧바로 한자능력검정시험 유형의 '예상문제' 란을 만들어 폭넓은 한자 활용능력을 숙달(熟達) 시키고, 한자능력검정시험에 이력이 나도록 하였다.

▶ 한자는 교육의 성공을 보장받는 지름길이다.

초등학교 1학년부터 기초학력을 튼튼히 다져두는 것이 중등 및 고등 교육의 성공을 보장받는 지름길이다.

▶ 한자는 학업의 성적을 좌우하는 요소다.

고학년으로 올라갈수록 의미 파악이 힘든 학습용어가 대거 등장하므로 한자실력이 학업의 성적을 좌우하는 결정적인 요소가 된다.

▶ 한자는 동북아 교류의 디딤돌이다

한자는 중국과 일본, 대만 등 한자문화권 국가들과의 정치, 경제, 문화교류에 긍정적인 효과를 낼 수 있는 동북아교류의 디딤돌이다.

▶ 한자는 국가경쟁력을 제고할 수 있는 무기다

한자를 많이 알면 한국어, 중국어, 일본어 등을 잘 할 수 있으므로 개인은 물론 국가경쟁력을 제고할 수 있는 강력한 무기다.

책 머 리 말

　　최근 중국이 경제대국으로 급부상하고 중국과의 교역량이 증대되면서 한자교육에 대한 관심이 고조되고 있습니다.

2009년 11월 초등학교 한자교육의 필요성에 대하여 「한국교육과정평가원」의 설문 조사에 의하면 교사 77.3%, 학부모 89.1%가 초등학교 한자교육을 찬성한 것으로 나타나고 있습니다.

중국이 우리나라의 최대 교역국으로 부상하고 동북아 3국이 한자문화권으로 세계경제의 중심역할을 맡고 있는 지금 한자교육은 국가경쟁력의 중요한 요소가 되고 있습니다.

필자는 2,001년부터 성남시 하대원동·단대동 주민자치센터 강사를 시작으로 성남시 금상초등학교·성남초등학교 특기적성교사로 재직하고 있는 오늘에 이르기까지 줄곧 어린이 한자 교육과 함께 학습교재와 교수학습 방법에 대한 연구에 몰두해 왔습니다.

　　본 교재는 '발명특허 제0525479호'의 학습교재로, 한자의 ①훈 음, ②독 음, ③한자어의 뜻을 7.5조(일곱 자, 다섯 자)의 음조로 간결하게 구성하여, 본문을 동요처럼 읽으며 한자의 삼요소를 효과적으로 익힐 수 있도록 하였습니다.

출판에 앞서 「방과 후 특기적성 한자부」에서 초등학교 어린이들을 대상으로 수년간 한자교육을 해온 결과 아이들이 쉽고 재미있게 학습함으로써, 학생과 학부모들로부터 그 실효를 인정받은 교재입니다.

　　이 교재가 학생들이 어렵지 않게 공부할 수 있는 학습서로서 초등학교 한자교육 활성화에 도움이 되기를 바랍니다.

2011년 10월 　琴丘 金 泳 俊

본 교재의 교수-학습방법

※ 본 교재는 **발명특허** 한자 학습교재로
학습자 스스로 자기주도로 공부할 수 있는 교재이므로
선생님은 지도하기 쉽고, 학생은 어렵지 않게 공부할 수 있는 학습서입니다.

➡ 학생은 본문 학습·한자 쓰기를 하고, 선생님께 **【읽기점검】** 을 한다.

➡ 교사는 '한자쓰기' 후 오늘 배운 글자를 **【읽기점검】** 하고
점검일자를 표기한다. 월/일㉠ ※(예: 8쪽 / **5자** 一 ~ **五**까지)

① (가로로) 훈 음 읽기

一(한 일) 二(두 이) 三(석 삼) 四(넉 사) 五(다섯 오)

② (거꾸로) 훈 음 읽기

五(다섯 오) 四(넉 사) 三(석 삼) 二(두 이) 一(한 일)

③ 한자어 읽기

한 일, 달 월, **일월**　두 이, 날 일, **이일**　석 삼, 열 십, **삼십**

넉 사, 해 년, **사년**　다섯 오, 해 년, **오년**

④ 배운 글자까지 (세로로) 훈 음 읽기　※예: **10자** 十(열 십)까지 배웠다면?

一(한 일) 六(여섯 륙) 二(두 이) 七(일곱 칠) 三(석 삼)

八(여덟 팔) 四(넉 사) 九(아홉 구) 五(다섯 오) 十(열 십) 월/일㉠

➡ 교사는 수시로 **【50자 단위로 읽기점검】** 하고
점검일자를 표기한다. 월/일㉠ ※(예: 8쪽 / **50자**) 세로로 훈 음 읽기

一 六 日 金 人 中 靑 弟 東 校 二 七 月 土 民 小 白 先 西 萬
三 八 火 寸 山 年 父 生 南 軍 四 九 水 女 外 長 母 敎 北 韓

8급 (50자) 훈 음 표

* 의 표시는 두 개 이상의 훈 음을 갖고 있는 글자임

一	二	三	四	五
한 일	두 이	석 삼	넉 사	다섯 오
六	七	八	九	十
여섯 륙	일곱 칠	여덟 팔	아홉 구	열 십
日	月	火	水	木
날 일	달 월	불 화	물 수	나무 목
*金	土	寸	女	王
쇠 금/성 김	흙 토	마디 촌	계집 녀	임금 왕
人	民	山	外	大
사람 인	백성 민	메 산	바깥 외	큰 대
中	小	年	長	門
가운데 중	작을 소	해 년	긴 장	문 문
靑	白	父	母	兄
푸를 청	흰 백	아비 부	어미 모	형 형
弟	先	生	敎	室
아우 제	먼저 선	날 생	가르칠 교	집 실
東	西	南	*北	學
동녘 동	서녘 서	남녘 남	북녘 북 달아날 배	배울 학
校	萬	軍	韓	國
학교 교	일만 만	군사 군	나라 한	나라 국

一	二	三	四	五 5자
一月	二日	三十	四年	五年 /
六	七	八	九	十 10자
六月	七日	八十	九十	十月 /
日	月	火	水	木 15자
日	月	火	水	木 /
*金	土	寸	女	王 20자
金	土	四寸	女軍	王室 /
人	民	山	外	大 25자
軍人	國民	靑山	外國	大王 /
中	小	年	長	門 30자
中國	小人	學年	長女	校門 /
靑	白	父	母	兄 35자
靑軍	白軍	父母	母女	長兄 /
弟	先	生	敎	室 40자
兄弟	先生	生日	敎室	室外 /
東	西	南	*北	學 45자
東門	西山	南韓	北韓	學校 /
校	萬	軍	韓	國 50자
校長	十萬	國軍	韓國	國土 /

* 의 표시는 두 개 이상의 훈 음을 갖고 있는 글자임

家	歌	間	江	車
집 가	노래 가	사이 간	강 강	수레 차/거
工	空	口	記	氣
장인 공	빌 공	입 구	기록할 기	기운 기
旗	男	內	農	答
기 기	사내 남	안 내	농사 농	대답 답
道	冬	同	*洞	動
길 도	겨울 동	한가지 동	골 동/밝을 통	움직일 동
登	來	力	老	里
오를 등	올 래	힘 력	늙을 로	마을 리
林	立	每	面	名
수풀 림	설 립	매양 매	낯 면	이름 명
命	文	問	物	方
목숨 명	글월 문	물을 문	물건 물	모 방
百	夫	不	事	算
일백 백	지아비 부	아닐 불	일 사	셈 산
上	色	夕	姓	世
윗 상	빛 색	저녁 석	성 성	인간 세
少	所	手	數	市
적을 소	바 소	손 수	셈 수	저자 시

家	歌	間	江	車 55자
家門	校歌	中間	江山	白車 /
工	空	口	記	氣 60자
工事	空白	人口	日記	人氣 /
旗	男	內	農	答 65자
國旗	男女	國內	農土	正答 /
道	冬	同	*洞	動 70자
國道	秋冬	同門	洞民	生動 /
登	來	力	老	里 75자
登校	來年	學力	老母	洞里 /
林	立	每	面	名 80자
農林	國立	每日	外面	名山 /
命	文	問	物	方 85자
生命	文人	學問	文物	東方 /
百	夫	不	事	算 90자
百萬	農夫	不動	記事	算數 /
上	色	夕	姓	世 95자
年上	靑色	七夕	同姓	世上 /
少	所	手	數	市 100자
少女	名所	手記	數年	市長 /

사자성어 익히기

순	四字成語(사자성어)	네 글자로 이루어진 말 알기
1	三三五五(삼삼오오)	세 명이나 다섯 명이 모여다님
2	十中八九(십중팔구)	열 가운데 여덟이나 아홉
3	父母兄弟(부모형제)	아버지와 어머니, 형과 아우
4	生年月日(생년월일)	태어난 해와 달과 날
5	東西南北(동서남북)	동쪽, 서쪽, 남쪽, 북쪽. 사방
6	國民年金(국민연금)	정부가 국민에게 해마다 주는 돈
7	大韓民國(대한민국)	우리나라의 이름
8	南男北女(남남북녀)	남쪽지방의 남자, 북쪽지방의 여자
9	男女老少(남남북녀)	남자와 여자, 늙은이와 젊은이
10	東問西答(동문서답)	동쪽을 묻는데 서쪽을 대답함
11	百萬大軍(백만대군)	백만 명이 되는 큰 군대
12	不老長生(불로장생)	늙지 않고 오래 삶
13	四方八方(사방팔방)	동, 서, 남, 북, 모든 방향
14	世上萬事(세상만사)	세상에 일어나는 모든 일
15	一問一答(일문일답)	하나의 질문에 대하여 하나씩 대답함
16	土木工事(토목공사)	흙이나 나무를 사용하는 도로·교량·철도 공사 따위
17	八道江山(팔도강산)	우리나라 전국의 강과 산
18	國立大學(국립대학)	국가에서 세운 학교
19	道立學校(도립학교)	도에서 세운 학교
20	市立學校(시립학교)	시에서 세운 학교

▶ 다음 사자성어의 독음을 쓰고, 뜻을 쓰세요.

순	四字成語(사자성어)	네 글자로 이루어진 말 쓰기
1	三三五五( )	
2	十中八九( )	
3	父母兄弟( )	
4	生年月日( )	
5	東西南北( )	
6	國民年金( )	
7	大韓民國( )	
8	南男北女( )	
9	男女老少( )	
10	東問西答( )	
11	百萬大軍( )	
12	不老長生( )	
13	四方八方( )	
14	世上萬事( )	
15	一問一答( )	
16	土木工事( )	
17	八道江山( )	
18	國立大學( )	
19	道立學校( )	
20	市立學校( )	

본 교재의 학습방법 및 학습순서

1 **본문 학습**

　　　　－ 아래와 같이 ○ 을 그리며 학습한다.

▶ 본문 읽기 : **한 일**에 **달 월**은 '**한 일. 달 월.**' 일월이고요
　　　　　　　일월은 한해의 첫째 달입니다.

▶ 한자 쓰기 : 필순에 맞게 한자를 쓴다.

▶ 부수 읽기 : **한 일** 의 부수는 **한 일**

필순 : 一

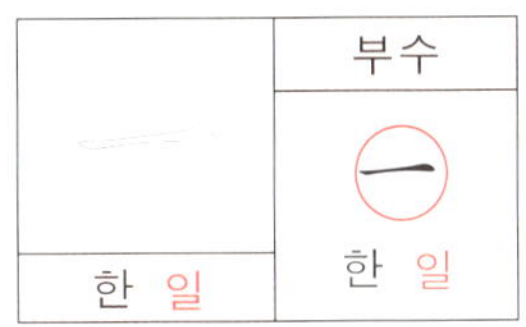

한 일에 달 월은 一月이고요 (일월)
一月은 한 해의 첫째 달 입니다. (일월)

2 **한자 쓰기**

한자쓰기 후 (교사는) 오늘 배운 글자를 「읽기점검」 하고 점검 일자를 표기한다.
　① (가로로) 훈 음 읽기
　② (거꾸로) 훈 음 읽기
　③ 한자어 읽기
　④ (세로로) 훈 음 읽기

3 **쓰기 복습**

4 **예상 문제**

▶ 다음 본문을 읽고, 필순에 맞게 한자를 쓰세요.

필순 : 一

	부수
一	一
한 일	한 일

한 일에 **달 월**은 一月이고요
一月은 한 해의 첫째 달 입니다.

필순 : 二 二

	부수
二	二
두 이	두 이

두 이에 **날 일**은 二日이고요
二日은 둘째 날 입니다.

필순 : 三 三 三

	부수
三	一
석 삼	한 일

석 삼에 **열 십**은 三十이고요
三十은 열의 세 곱 입니다.

필순 : 一 冂 冖 四 四

	부수
四	口
넉 사	에워쌀 위

넉 사에 **해 년**은 四年이고요
四年은 네 해 입니다.

필순 : 一 丁 五 五

	부수
五	二
다섯 오	두 이

다섯 오에 **해 년**은 五年이고요
五年은 다섯 해 입니다.

▶ 한자의 훈 음을 쓰고, 필순에 맞게 한자를 따라 쓰세요.

一	부수				한 일	한 일
한 일						
二	부수				두 이	두 이
두 이						
三	부수				석 삼	석 삼
석 삼						
四	부수				넉 사	넉 사
넉 사						
五	부수				다섯 오	다섯 오
다섯 오						

▶ 다음 한자어의 독음을 쓰고, 낱말의 뜻을 쓰세요.

(1) 一月 (   ) :

(2) 二日 (   ) :

(3) 三十 (   ) :

(4) 四年 (   ) :

(5) 五年 (   ) :

▶ 다음 본문을 읽고, 필순에 맞게 한자를 쓰세요.

필순 : 一 六 六 六

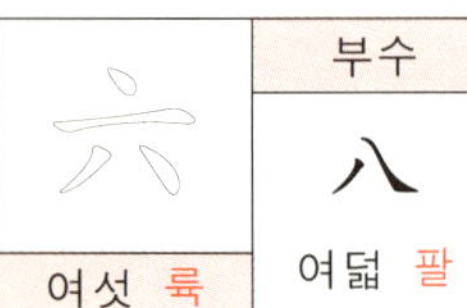

六	부수
	八
여섯 **륙**	여덟 **팔**

여섯 륙에 **달 월**은 六月이고요
六月은 여섯 째 달 입니다.

필순 : 七 七

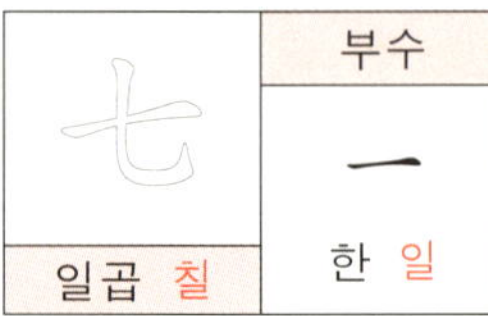

七	부수
	一
일곱 **칠**	한 **일**

일곱 칠에 **날 일**은 七日이고요
七日은 일곱 째 날 입니다.

필순 : 丿 八

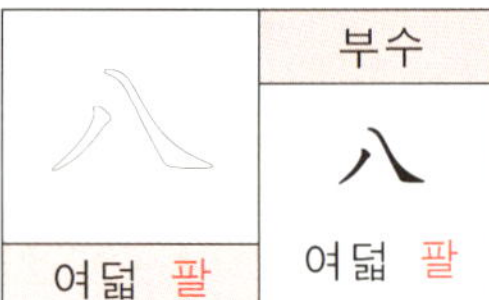

八	부수
	八
여덟 **팔**	여덟 **팔**

여덟 팔에 **열 십**은 八十이고요
八十은 열의 여덟 배 입니다.

필순 : 九 九

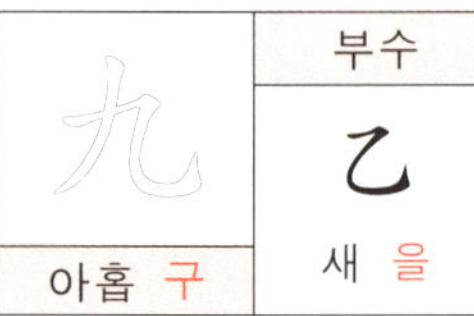

九	부수
	乙
아홉 **구**	새 **을**

아홉 구에 **열 십**은 九十이고요
九十은 열의 아홉 배 입니다.

필순 : 十 十

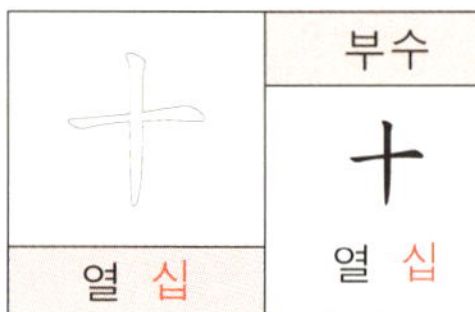

十	부수
	十
열 **십**	열 **십**

열 십에 **달 월**은 十月이고요
十月은 열 번 째 달 입니다.

▶ 한자의 훈 음을 쓰고, 필순에 맞게 한자를 따라 쓰세요.

六	부수	六	六	六		
여섯 륙					여섯 륙	여섯 륙
七	부수 一	七	七	七		
일곱 칠					일곱 칠	일곱 칠
八	부수 八	八	八	八		
여덟 팔					여덟 팔	여덟 팔
九	부수 乙	九	九	九		
아홉 구					아홉 구	아홉 구
十	부수 十	十	十	十		
열 십					열 십	열 십

▶ 다음 한자어의 독음을 쓰고, 낱말의 뜻을 쓰세요.

(1) 六月 (   ):

(2) 七日 (   ):

(3) 八十 (   ):

(4) 九十 (   ):

(5) 十月 (   ):

※ 오늘 배운 글자를 선생님께 「읽기점검」 한다 ⇨ 10자

一	二	三	四	五
六	七	八	九	十
一	二	三	四	五
六	七	八	九	十
一	二	三	四	五
六	七	八	九	十
一	二	三	四	五
六	七	八	九	十
一	二	三	四	五
六	七	八	九	十

한 일	두 이	석 삼	넉 사	다섯 오
여섯 륙	일곱 칠	여덟 팔	아홉 구	열 십
한 일	두 이	석 삼	넉 사	다섯 오
여섯 륙	일곱 칠	여덟 팔	아홉 구	열 십
한 일	두 이	석 삼	넉 사	다섯 오
여섯 륙	일곱 칠	여덟 팔	아홉 구	열 십
한 일	두 이	석 삼	넉 사	다섯 오
여섯 륙	일곱 칠	여덟 팔	아홉 구	열 십
한 일	두 이	석 삼	넉 사	다섯 오
여섯 륙	일곱 칠	여덟 팔	아홉 구	열 십

▶ 다음 한자어의 독음을 쓰고, 한자어를 따라 쓰세요.

六	月			七	日		
五	年			八	十		
三	十			十	月		
九	十			一	月		
二	日			四	年		

▶ 다음 독음에 맞는 한자어를 쓰세요.

유	월			칠	일		
오	년			팔	십		
삼	십			시	월		
구	십			일	월		
이	일			사	년		

1 다음 漢字語한자어의 讀音독음을 쓰세요.

> <보기> 一月 → (일월)

1) 六月 (   )   2) 七日 (   )

3) 五年 (   )   4) 八十 (   )

5) 三十 (   )   6) 十月 (   )

7) 九十 (   )   8) 一月 (   )

9) 二日 (   )   10) 四年 (   )

2 다음 글을 읽고 밑줄 친 말에 해당하는 漢字한자를 <보기>에서 찾아 그 번호를 쓰세요.

> <보기>
> ① 四   ② 二   ③ 九   ④ 六   ⑤ 一
> ⑥ 十   ⑦ 七   ⑧ 五   ⑨ 三   ⑩ 八

11) 일월은 한해의 첫째 달입니다. ‥‥‥‥‥‥(　　)

12) 이일은 <u>둘</u>째 날입니다. ························· (　　　)

13) <u>삼</u>십은 열의 세배입니다. ··················· (　　　)

14) 사년은 <u>네</u> 해입니다. ························· (　　　)

15) <u>오</u>년은 다섯 해입니다. ····················· (　　　)

16) 유월은 <u>여섯</u> 째 달입니다. ················ (　　　)

17) <u>칠</u>일은 일곱째 날입니다. ················· (　　　)

18) 팔십은 열의 <u>여덟</u> 배입니다. ·············· (　　　)

19) 열의 아홉 배는 <u>구</u>십입니다. ············· (　　　)

20) 시월은 <u>열</u> 번째 달입니다. ················ (　　　)

❸ 다음 漢字한자에 알맞은 訓(훈:뜻)과 音(음:소리)을
쓰세요.

<table>
<tr><td><보기> 　十 → (열 　십)</td></tr>
</table>

21) 十 (　　　　) 　　　　　22) 八 (　　　　)

23) 六 (   )   24) 四 (   )

25) 二 (   )   26) 九 (   )

27) 七 (   )   28) 五 (   )

29) 三 (   )   30) 一 (   )

4 다음 뜻에 알맞은 漢字한자를 <보기>에서 찾아
그 번호를 쓰세요.

<보기>
① 一   ② 六   ③ 二   ④ 九   ⑤ 四
⑥ 五   ⑦ 七   ⑧ 十   ⑨ 三   ⑩ 八

31) 다섯 (   )   32) 셋   (   )

33) 여덟 (   )   34) 열   (   )

35) 하나 (   )   36) 여섯 (   )

37) 아홉 (   )   38) 둘   (   )

39) 넷   (   )   40) 일곱 (   )

5 다음 漢字의 ㉠획은 몇 번째 쓰는지 <보기>에서 찾아 그 번호를 쓰세요.

<<보기>>

① 첫 번째	② 두 번째	③ 세 번째
④ 네 번째	⑤ 다섯 번째	⑥ 여섯 번째
⑦ 일곱 번째	⑧ 여덟 번째	⑨ 아홉 번째
⑩ 열 번째	⑪ 열한 번째	⑫ 열두 번째

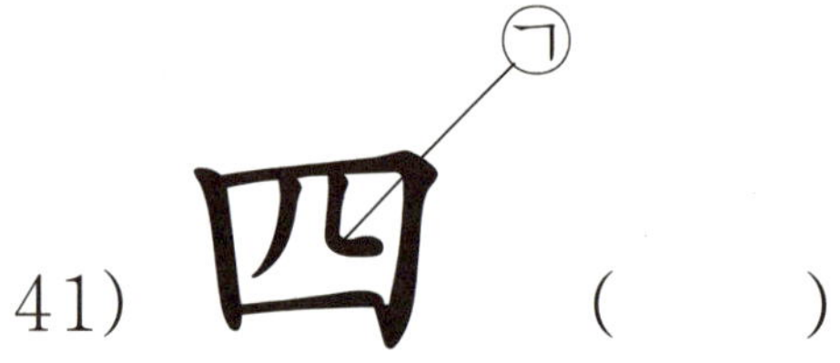

41) 四　　（　　）

42) 五　　（　　）

8급(1) 예상문제 정답

1	유월	15	⑧	29	석 삼
2	칠일	16	④	30	한 일
3	오년	17	⑦	31	⑥
4	팔십	18	⑩	32	⑨
5	삼십	19	③	33	⑩
6	시월	20	⑥	34	⑧
7	구십	21	열 십	35	①
8	일월	22	여덟 팔	36	②
9	이일	23	여섯 륙	37	④
10	사년	24	넉 사	38	③
11	⑤	25	두 이	39	⑤
12	②	26	아홉 구	40	⑦
13	⑨	27	일곱 칠	41	④
14	①	28	다섯 오	42	③

필순 : 丨 冂 日 日

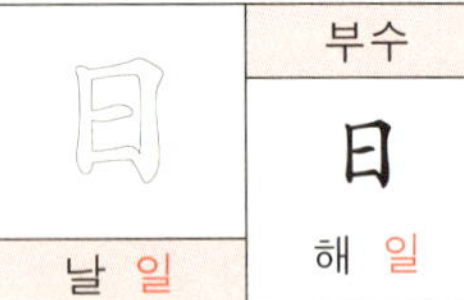

날 일은 해의 뜻 日이라 읽고요
日요일은 한 주간의 첫째 날 입니다.

필순 : 丿 月 月 月

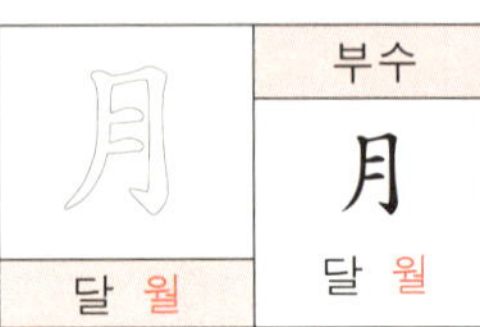

달 월은 달의 뜻 月이라 읽고요
月요일은 한 주간의 둘째 날 입니다.

필순 : 丶 丶 丷 少 火

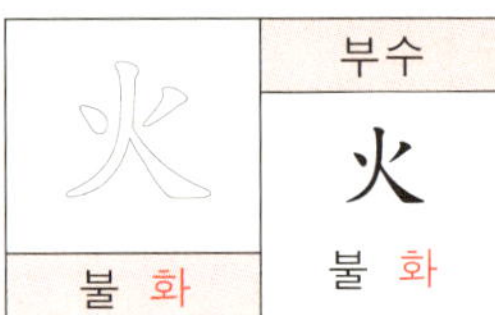

불 화는 불의 뜻 火라고 읽고요
火요일은 한 주간의 셋째 날 입니다.

필순 : 丨 才 水 水

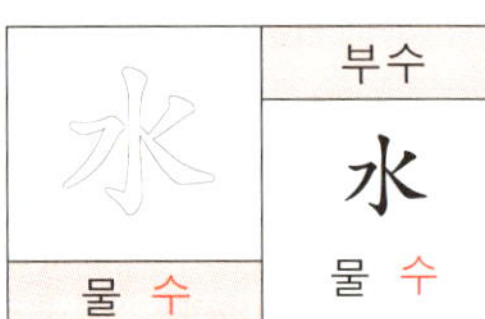

물 수는 물의 뜻 水라고 읽고요
水요일은 한 주간의 넷째 날 입니다.

필순 : 一 十 才 木

나무 목은 나무의 뜻 木이라 읽고요
木요일은 한 주간의 다섯째 날 입니다.

▶ 한자의 훈 음을 쓰고, 필순에 맞게 한자를 따라 쓰세요.

日	부수					
날 일					날 일	날 일
月	부수					
달 월					달 월	달 월
火	부수					
불 화					불 화	불 화
水	부수					
물 수					물 수	물 수
木	부수					
나무 목					나무 목	나무 목

▶ 다음 한자어의 독음을 쓰고, 낱말의 뜻을 쓰세요.

(1) 日 (   ) 요일 :

(2) 月 (   ) 요일 :

(3) 火 (   ) 요일 :

(4) 水 (   ) 요일 :

(5) 木 (   ) 요일 :

※ 오늘 배운 글자를 선생님께 「읽기점검」 한다 ⇨ 15자

▶ 다음 본문을 읽고, 필순에 맞게 한자를 쓰세요.

필순 : 𠆢 人 今 今 全 金 金 金

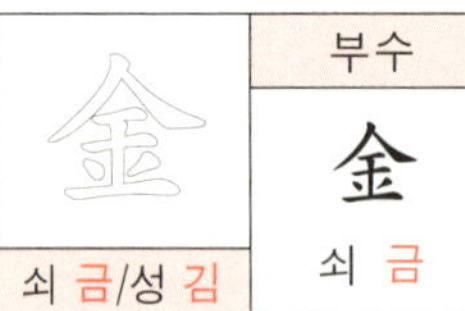

쇠 금은 쇠의 뜻 金이라 읽고요
金요일은 한 주간의 여섯째 날 입니다.

필순 : 一 十 土

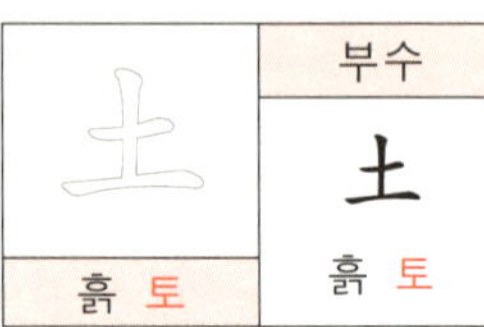

흙 토는 흙의 뜻 土라고 읽고요
土요일은 한 주간의 끝 날 입니다.

필순 : 一 寸 寸

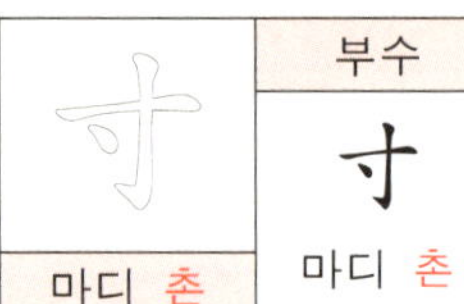

넉 사에 마디 촌은 四寸이고요
四寸은 부모님 친 형제의 아들딸 입니다.

필순 : 𡿨 女 女

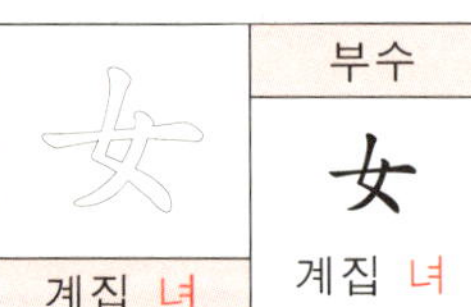

계집 녀에 군사 군은 女軍이고요
女軍은 여자 군인 입니다.

필순 : 一 干 干 玉

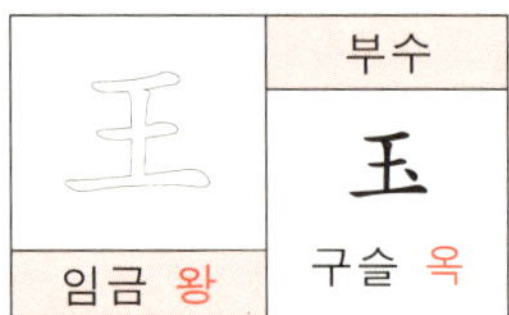

임금 왕에 집 실은 玉室이고요
玉室은 왕의 집안 입니다.

▶ 한자의 훈 음을 쓰고, 필순에 맞게 한자를 따라 쓰세요.

	부수					
金	金	金	金	金		
쇠금/성김					쇠금/성김	쇠금/성김
土	부수 土	土	土	土		
흙토					흙토	흙토
寸	부수 寸	寸	寸	寸		
마디촌					마디촌	마디촌
女	부수 女	女	女	女		
계집녀					계집녀	계집녀
王	부수 王	王	王	王		
임금왕					임금왕	임금왕

▶ 다음 한자어의 독음을 쓰고, 낱말의 뜻을 쓰세요.

(1) 金 (　　) 요일:

(2) 土 (　　) 요일:

(3) 四寸 (　　　):

(4) 女軍 (　　　):

(5) 王室 (　　　):

※ 오늘 배운 글자를 선생님께 「읽기점검」 한다 ⇨ 20자

一	二	三	四	五
六	七	八	九	十
日	月	火	水	木
金	土	寸	女	王
日	月	火	水	木
金	土	寸	女	王
日	月	火	水	木
金	土	寸	女	王
日	月	火	水	木
金	土	寸	女	王

▶ 다음 한자의 훈과 음에 맞는 한자를 쓰세요.

한 일	두 이	석 삼	넉 사	다섯 오
여섯 륙	일곱 칠	여덟 팔	아홉 구	열 십
날 일	달 월	불 화	물 수	나무 목
쇠 금 / 성 김	흙 토	마디 촌	계집 녀	임금 왕
날 일	달 월	불 화	물 수	나무 목
쇠 금 / 성 김	흙 토	마디 촌	계집 녀	임금 왕
날 일	달 월	불 화	물 수	나무 목
쇠 금 / 성 김	흙 토	마디 촌	계집 녀	임금 왕
날 일	달 월	불 화	물 수	나무 목
쇠 금 / 성 김	흙 토	마디 촌	계집 녀	임금 왕

王	室			四	寸		
金				水			
月				女	軍		
土				木			
火				日			

▶ 다음 독음에 맞는 한자어를 쓰세요.

왕	실			사	촌		
금				수			
월				여	군		
토				목			
화				일			

❶ 다음 漢字語한자어의 讀音독음을 쓰세요.

> <보기>　一月　→　(일월)

1) 王室 (　　　　) 　　2) 四寸 (　　　　)

3) 金 (　　　　) 　　4) 水 (　　　　)

5) 月 (　　　　) 　　6) 女軍 (　　　　)

7) 土 (　　　　) 　　8) 木 (　　　　)

9) 火 (　　　　) 　　10) 日 (　　　　)

❷ 다음 글을 읽고 밑줄 친 말에 해당하는 漢字한자를 <보기>에서 찾아 그 번호를 쓰세요.

> <보기>
> ①火　②王　③月　④金　⑤水
> ⑥土　⑦日　⑧女　⑨木　⑩寸

11) <u>일</u>요일은 한주간의 첫째 날 ……………(　　　　)

12) <u>월</u>요일은 한주간의 둘째 날 ·············· (   )

13) <u>화</u>요일은 한주간의 셋째 날 ·············· (   )

14) <u>수</u>요일은 한주간의 넷째 날 ·············· (   )

15) <u>목</u>요일은 한주간의 다섯째 날 ··········· (   )

16) <u>금</u>요일은 한주간의 여섯째 날 ·········· (   )

17) <u>토</u>요일은 한주간의 끝날 ················ (   )

18) 사<u>촌</u>은 부모님 형제의 아들딸 ··········· (   )

19) <u>여</u>군은 여자 군인 ····················· (   )

20) <u>왕</u>실은 왕의 집안 ····················· (   )

❸ 다음 漢字한자에 알맞은 訓(훈:뜻)과 音(음:소리)을
쓰세요.

<보기> 十 → (열   십)

21) 金 (   )   22) 火 (   )

23) 月 (   )   24) 寸 (   )

25) 女 (   )   26) 水 (   )

27) 木 (   )   28) 日 (   )

29) 王 (   )   30) 土 (   )

4 다음 뜻에 알맞은 漢字한자를 〈보기〉에서 찾아 그 번호를 쓰세요.

〈보기〉
①金　②月　③土　④王　⑤水
⑥火　⑦寸　⑧日　⑨木　⑩女

31) 해 (   )   32) 쇠 (   )

33) 달 (   )   34) 흙 (   )

35) 불 (   )   36) 마디 (   )

37) 물 (   )   38) 계집 (   )

39) 나무 (   )   40) 임금 (   )

5 다음 漢字의 ㉠획은 몇 번째 쓰는지 <보기>에서 찾아 그 번호를 쓰세요.

<보기>
① 첫 번째　　② 두 번째　　③ 세 번째
④ 네 번째　　⑤ 다섯 번째　　⑥ 여섯 번째
⑦ 일곱 번째　　⑧ 여덟 번째　　⑨ 아홉 번째
⑩ 열 번째　　⑪ 열한 번째　　⑫ 열두 번째

41) 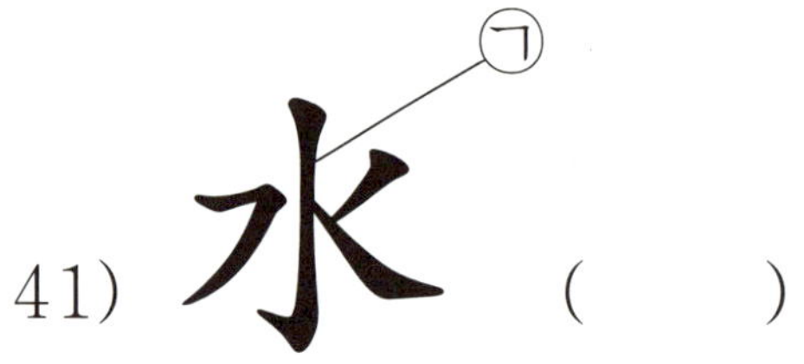 水　　(　　)

42) 火　　(　　)

8급(2) 예상문제 정답

1	왕실	15	⑨	29	임금 왕
2	사촌	16	④	30	흙 토
3	금	17	⑥	31	⑧
4	수	18	⑩	32	①
5	월	19	⑧	33	②
6	여군	20	②	34	③
7	토	21	쇠 금/성 김	35	⑥
8	목	22	불 화	36	⑦
9	화	23	달 월	37	⑤
10	일	24	마디 촌	38	⑩
11	⑦	25	계집 녀	39	⑨
12	③	26	물 수	40	④
13	①	27	나무 목	41	①
14	⑤	28	날 일	42	①

▶ 다음 본문을 읽고, 필순에 맞게 한자를 쓰세요.

필순 : 人 人

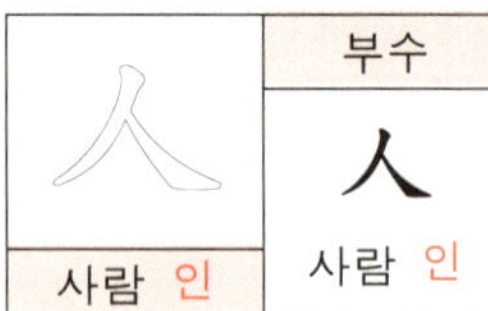

군사 군에 사람 인은 軍人이고요
軍人은 군대에서 복무하는 사람 입니다.

필순 : 民 民 民 民 民

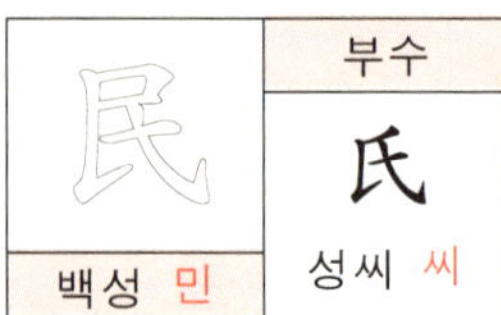

나라 국에 백성 민은 國民이고요
國民은 나라의 백성 입니다.

필순 : 丨 山 山

푸를 청에 메 산은 青山이고요
青山은 푸른 산 입니다.

필순 : 夕 夕 外 外 外

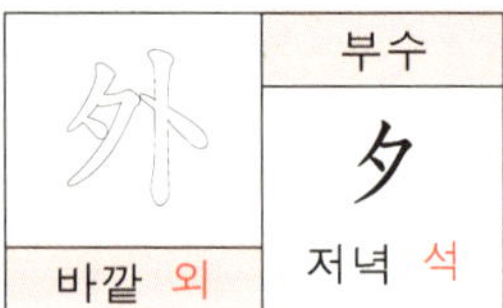

바깥 외에 나라 국은 外國이고요
外國은 바깥 나라 입니다.

필순 : 一 大 大

큰 대에 임금 왕은 大王이고요
大王은 큰 임금 입니다.

▶ 한자의 훈 음을 쓰고, 필순에 맞게 한자를 따라 쓰세요.

人	부수 人	人	人	人		
사람 인					사람 인	사람 인
民	부수 民	民	民	民		
백성 민					백성 민	백성 민
山	부수 山	山	山	山		
메 산					메 산	메 산
外	부수 夕	外	外	外		
바깥 외					바깥 외	바깥 외
大	부수 大	大	大	大		
큰 대					큰 대	큰 대

▶ 다음 한자어의 독음을 쓰고, 낱말의 뜻을 쓰세요.

(1) 軍人 (   ) :

(2) 國民 (   ) :

(3) 靑山 (   ) :

(4) 外國 (   ) :

(5) 大王 (   ) :

※ 오늘 배운 글자를 선생님께 「읽기점검」 한다 ⇨ 25자

▶ 다음 본문을 읽고, 필순에 맞게 한자를 쓰세요.

필순 : ｜ 冂 口 中

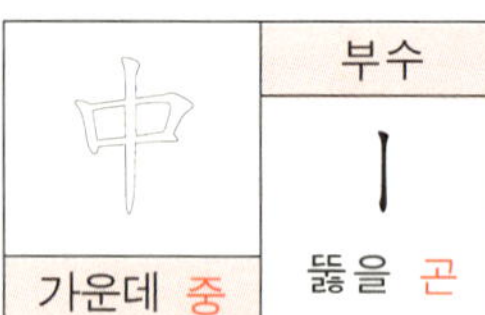

가운데 중에 나라 국은 中國이고요
中國은 아시아 중앙에 위치한 나라 입니다.

필순 : 小 小 小

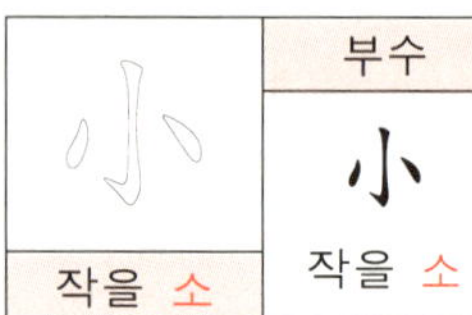

작을 소에 사람 인은 小人이고요
小人은 작은 사람 입니다.

필순 : ／ ⺧ ⺧ 生 年

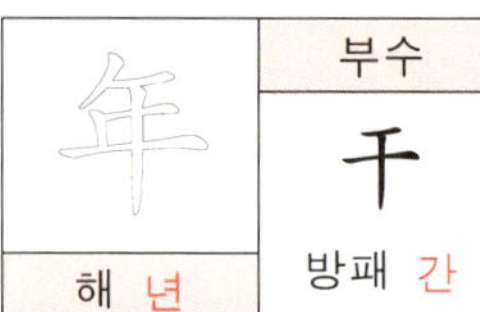

배울 학에 해 년은 學年이고요
學年은 한 해의 학습 기간 입니다.

필순 : 長 長 長 長 長 長 長 長

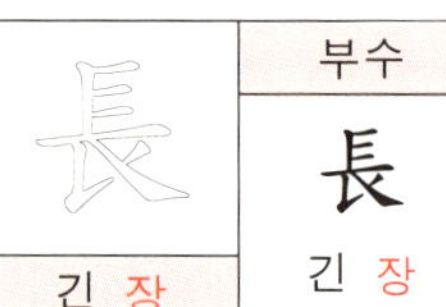

긴 장에 계집 녀는 長女이고요
長女는 큰 딸 입니다.

필순 : ｜ 冂 冂 冃 門 門 門 門 門

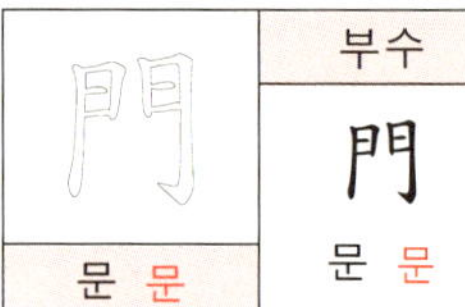

학교 교에 문 문은 校門이고요
校門은 학교의 문 입니다.

▶ 한자의 훈 음을 쓰고, 필순에 맞게 한자를 따라 쓰세요.

中	부수					
가운데 중					가운데 중	가운데 중
小	부수					
작을 소					작을 소	작을 소
年	부수					
해 년					해 년	해 년
長	부수					
긴 장					긴 장	긴 장
門	부수					
문 문					문 문	문 문

▶ 다음 한자어의 독음을 쓰고, 낱말의 뜻을 쓰세요.

(1) 中國 (   ):

(2) 小人 (   ):

(3) 學年 (   ):

(4) 長女 (   ):

(5) 校門 (   ):

※ 오늘 배운 글자를 선생님께 「읽기점검」 한다 ⇨ 30자

▶ 다음 한자의 훈과 음을 쓰고, 한자를 따라 쓰세요.

一	二	三	四	五
六	七	八	九	十
日	月	火	水	木
金	土	寸	女	王
人	民	山	外	大
中	小	年	長	門
人	民	山	外	大
中	小	年	長	門
人	民	山	外	大
中	小	年	長	門

▶ 다음 한자의 훈과 음에 맞는 한자를 쓰세요.

한 일	두 이	석 삼	넉 사	다섯 오
여섯 륙	일곱 칠	여덟 팔	아홉 구	열 십
날 일	달 월	불 화	물 수	나무 목
쇠 금 / 성 김	흙 토	마디 촌	계집 녀	임금 왕
사람 인	백성 민	메 산	바깥 외	큰 대
가운데 중	작을 소	해 년	긴 장	문 문
사람 인	백성 민	메 산	바깥 외	큰 대
가운데 중	작을 소	해 년	긴 장	문 문
사람 인	백성 민	메 산	바깥 외	큰 대
가운데 중	작을 소	해 년	긴 장	문 문

校	門			中	國		
大	王			靑	山		
軍	人			長	女		
學	年			國	民		
外	國			小	人		

▶ 다음 독음에 맞는 한자어를 쓰세요.

교	문			중	국		
대	왕			청	산		
군	인			장	녀		
학	년			국	민		
외	국			소	인		

❶ 다음 漢字語한자어의 讀音독음을 쓰세요.

<보기> 一月 → (일월)

1) 校門 (   )   2) 中國 (   )

3) 大王 (   )   4) 靑山 (   )

5) 軍人 (   )   6) 長女 (   )

7) 學年 (   )   8) 國民 (   )

9) 外國 (   )   10) 小人 (   )

❷ 다음 글을 읽고 밑줄 친 音음에 해당하는 漢字한자를
<보기>에서 찾아 그 번호를 쓰세요.

<보기>

①中   ②大   ③小   ④人   ⑤門
⑥長   ⑦外   ⑧民   ⑨年   ⑩山

11) 군대에서 복무하는 사람 - 군<u>인</u> ……(   )

12) 나라의백성 – 국<u>민</u> ………………………… (   )

13) 푸른 산 – 청<u>산</u> ………………………… (   )

14) 바깥나라 – <u>외</u>국 ………………………… (   )

15) 업적이 뛰어난 큰 임금 – <u>대</u>왕 ………… (   )

16) 아시아 중앙에 위치한 나라 – <u>중</u>국 …(   )

17) 작은 사람 – <u>소</u>인 ………………………… (   )

18) 한해의 학습기간 – 학<u>년</u> ………………… (   )

19) 큰딸 – <u>장</u>녀 …………………………… (   )

20) 학교의 문 – 교<u>문</u> ………………………… (   )

③ 다음 漢字한자에 알맞은 訓(훈:뜻)과 音(음:소리)을
쓰세요.

<blockquote>

<보기>　十 → (열　십)

</blockquote>

21) 門 (   )   22) 中 (   )

23) 民 (　　　)　　　24) 大 (　　　)

25) 長 (　　　)　　　26) 山 (　　　)

27) 外 (　　　)　　　28) 年 (　　　)

29) 小 (　　　)　　　30) 人 (　　　)

4 다음 뜻에 알맞은 漢字한자를 <보기>에서 찾아 그 번호를 쓰세요.

<보기>

①中　②小　③年　④長　⑤門
⑥大　⑦外　⑧山　⑨民　⑩人

31) 사람 (　　　)　　　32) 바깥 (　　　)

33) 작다 (　　　)　　　34) 가운데 (　　　)

35) 문 (　　　)　　　36) 길다 (　　　)

37) 메 (　　　)　　　38) 백성 (　　　)

39) 해 (　　　)　　　40) 크다 (　　　)

5 다음 漢字의 ㉠획은 몇 번째 쓰는지 <보기>에서 찾아 그 번호를 쓰세요.

<보기>
① 첫 번째　② 두 번째　③ 세 번째
④ 네 번째　⑤ 다섯 번째　⑥ 여섯 번째
⑦ 일곱 번째　⑧ 여덟 번째　⑨ 아홉 번째
⑩ 열 번째　⑪ 열한 번째　⑫ 열두 번째

41) 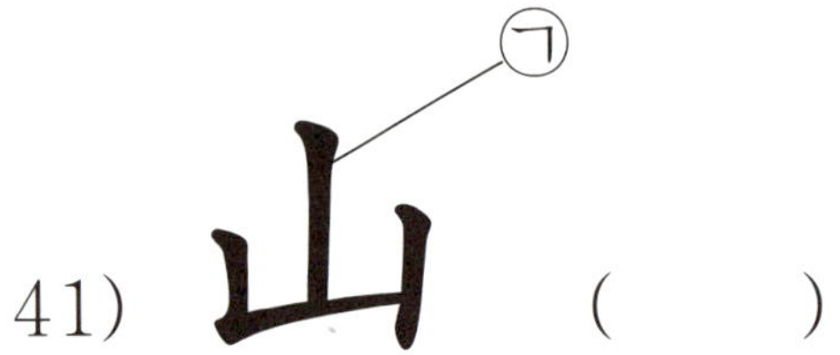 (　　)

42) 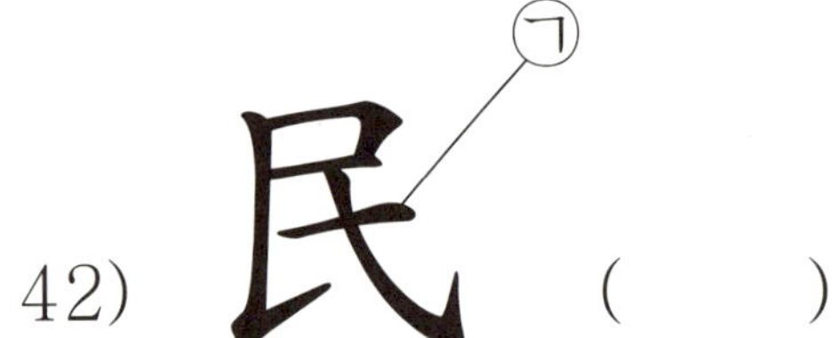 (　　)

8급(3) 예상문제 정답

1	교문	15	②	29	작을 소
2	중국	16	①	30	사람 인
3	대왕	17	③	31	⑩
4	청산	18	⑨	32	⑦
5	군인	19	⑥	33	②
6	장녀	20	⑤	34	①
7	학년	21	문 문	35	⑤
8	국민	22	가운데 중	36	④
9	외국	23	백성 민	37	⑧
10	소인	24	큰 대	38	⑨
11	④	25	긴 장	39	③
12	⑧	26	메 산	40	⑥
13	⑩	27	바깥 외	41	①
14	⑦	28	해 년	42	④

필순 : 靑 (筆順)

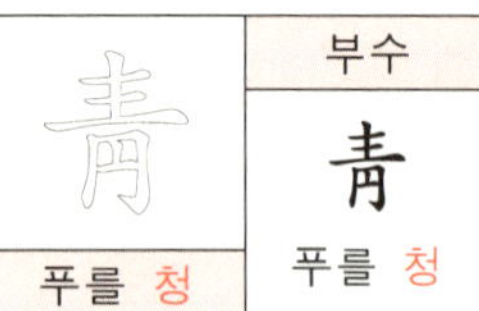

	부수
靑	靑
푸를 청	푸를 청

푸를 청에 군사 군은 靑軍이고요
靑軍은 푸른 띠를 두른 편 입니다.

필순 : 白

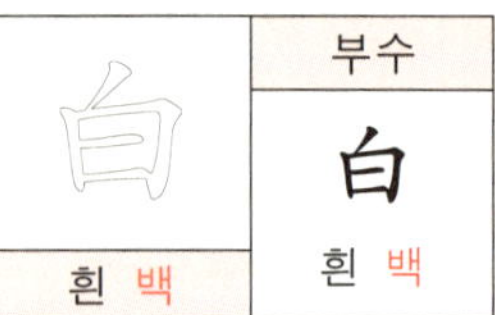

	부수
白	白
흰 백	흰 백

흰 백에 군사 군은 白軍이고요
白軍은 흰 띠를 두른 편 입니다.

필순 : 父

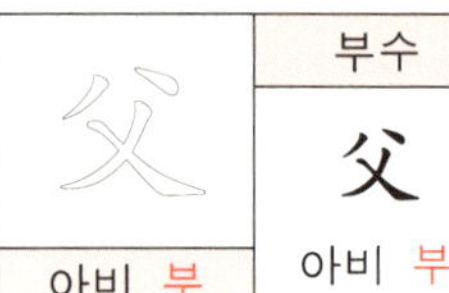

	부수
父	父
아비 부	아비 부

아비 부에 어미 모는 父母이고요
父母는 아버지와 어머니 입니다.

필순 : 母

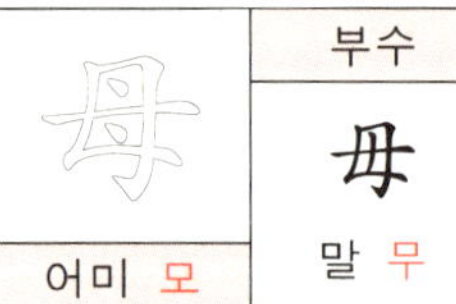

	부수
母	母
어미 모	말 무

어미 모에 계집 녀는 母女이고요
母女는 어머니와 딸 입니다.

필순 : 兄

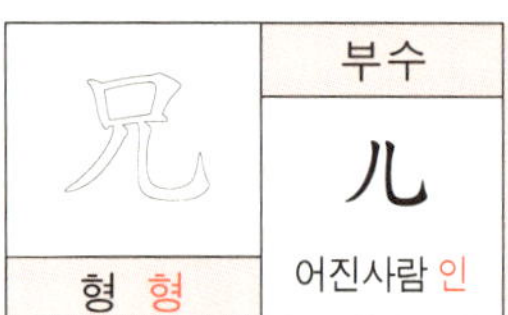

	부수
兄	儿
형 형	어진사람 인

긴 장에 형 형은 長兄이고요
長兄은 큰 형 입니다.

靑	부수	靑	靑	靑	靑		
푸를 청						푸를 청	푸를 청
白	부수	白	白	白	白		
흰 백						흰 백	흰 백
父	부수	父	父	父	父		
아비 부						아비 부	아비 부
母	부수	母	母	母	母		
어미 모						어미 모	어미 모
兄	부수	儿	兄	兄	兄		
형 형						형 형	형 형

▶ 다음 한자어의 독음을 쓰고, 낱말의 뜻을 쓰세요.

(1) 靑軍 (   ) :

(2) 白軍 (   ) :

(3) 父母 (   ) :

(4) 母女 (   ) :

(5) 長兄 (   ) :

※ 오늘 배운 글자를 선생님께 「읽기점검」 한다 ⇨ 35자

▶ 다음 본문을 읽고, 필순에 맞게 한자를 쓰세요.

필순 : 弟

弟	부수 弓
아우 제	활 궁

형 형에 **아우 제**는 **兄弟**이고요
형제
兄弟는 형과 아우 입니다.
형제

필순 : 先

先	부수 儿
먼저 선	어진사람 인

먼저 선에 **날 생**은 **先生**이고요
선생
先生은 학생을 가르치는 사람 입니다.
선생

필순 : 生

生	부수 生
날 생	날 생

날 생에 **날 일**은 **生日**이고요
생일
生日은 태어난 날 입니다.
생일

필순 : 教

教	부수 攴(攵)
가르칠 교	칠 복

가르칠 교에 **집 실**은 **教室**이고요
교실
教室은 학생을 가르치는 방 입니다.
교실

필순 : 室

室	부수 宀
집 실	집 면

집 실에 **바깥 외**는 **室外**이고요
실외
室外는 방 밖 입니다.
실외

▶ 한자의 훈 음을 쓰고, 필순에 맞게 한자를 따라 쓰세요.

弟	부수	弓	弟	弟	弟		
아우 제						아우 제	아우 제
先	부수	儿	先	先	先		
먼저 선						먼저 선	먼저 선
生	부수	生	生	生	生		
날 생						날 생	날 생
敎	부수	攵	敎	敎	敎		
가르칠 교						가르칠 교	가르칠 교
室	부수	宀	室	室	室		
집 실						집 실	집 실

▶ 다음 한자어의 독음을 쓰고, 낱말의 뜻을 쓰세요.

(1) 兄弟 (   ):

(2) 先生 (   ):

(3) 生日 (   ):

(4) 敎室 (   ):

(5) 室外 (   ):

※ 오늘 배운 글자를 선생님께 「읽기점검」 한다 ⇨ 40자

一	二	三	四	五
六	七	八	九	十
日	月	火	水	木
金	土	寸	女	王
人	民	山	外	大
中	小	年	長	門
靑	白	父	母	兄
弟	先	生	敎	室
靑	白	父	母	兄
弟	先	生	敎	室

▶ 다음 한자의 훈과 음에 맞는 한자를 쓰세요.

한 일	두 이	석 삼	넉 사	다섯 오
여섯 륙	일곱 칠	여덟 팔	아홉 구	열 십
날 일	달 월	불 화	물 수	나무 목
쇠 금 / 성 김	흙 토	마디 촌	계집 녀	임금 왕
사람 인	백성 민	메 산	바깥 외	큰 대
가운데 중	작을 소	해 년	긴 장	문 문
푸를 청	흰 백	아비 부	어미 모	형 형
아우 제	먼저 선	날 생	가르칠 교	집 실
푸를 청	흰 백	아비 부	어미 모	형 형
아우 제	먼저 선	날 생	가르칠 교	집 실

▶ 다음 한자어의 독음을 쓰고, 한자어를 따라 쓰세요.

室	外			生	日		
兄	弟			母	女		
白	軍			教	室		
先	生			長	兄		
父	母			青	軍		

▶ 다음 독음에 맞는 한자어를 쓰세요.

실	외			생	일		
형	제			모	녀		
백	군			교	실		
선	생			장	형		
부	모			청	군		

8급(4) 예상문제

월 일 / 확인

❶ 다음 漢字語한자어의 讀音독음을 쓰세요.

<보기> 一月 → (일월)

1) 室外 (　　　　)　　2) 生日 (　　　　)

3) 兄弟 (　　　　)　　4) 母女 (　　　　)

5) 白軍 (　　　　)　　6) 教室 (　　　　)

7) 先生 (　　　　)　　8) 長兄 (　　　　)

9) 父母 (　　　　)　　10) 靑軍 (　　　　)

❷ 다음 글을 읽고 밑줄 친 音음에 해당하는 漢字한자를 <보기>에서 찾아 그 번호를 쓰세요.

<보기>

① 母	② 生	③ 白	④ 弟	⑤ 室
⑥ 兄	⑦ 教	⑧ 先	⑨ 靑	⑩ 父

11) 푸른 띠를 두른 편 – 청군 ……………… (　　　　)

12) 흰 띠를 두른 편 – 백군 ······················ (   )

13) 아버지와 어머니 – 부모 ······················ (   )

14) 어머니와 딸 – 모녀 ························· (   )

15) 큰 형 – 장형 ····························· (   )

16) 형과 아우 – 형제 ·························· (   )

17) 학생을 가르치는 사람 – 선생 ············· (   )

18) 태어난 날 – 생일 ························· (   )

19) 학생들을 가르치는 방 – 교실 ············· (   )

20) 방밖 – 실외 ····························· (   )

3 다음 漢字한자에 알맞은 訓(훈:뜻)과 音(음:소리)을
쓰세요.

<보기>   十 → (열   십)

21) 室 (   )   22) 父 (   )

23) 靑 (   )   24) 弟 (   )

25) 先 (   )   26) 白 (   )

27) 敎 (   )   28) 生 (   )

29) 兄 (   )   30) 母 (   )

4 다음 뜻에 알맞은 漢字한자를 <보기>에서 찾아 그 번호를 쓰세요.

<보기>

① 兄   ② 母   ③ 弟   ④ 父   ⑤ 敎
⑥ 白   ⑦ 生   ⑧ 室   ⑨ 靑   ⑩ 先

31) 아우   (   )   32) 푸르다 (   )

33) 먼저   (   )   34) 희다   (   )

35) 태어나다 (   )   36) 아버지 (   )

37) 가르치다 (   )   38) 어머니 (   )

39) 집(방)   (   )   40) 형   (   )

5 다음 漢字의 ㉠획은 몇 번째 쓰는지 <보기>에서 찾아 그 번호를 쓰세요.

<보기>
① 첫 번째　② 두 번째　③ 세 번째
④ 네 번째　⑤ 다섯 번째　⑥ 여섯 번째
⑦ 일곱 번째　⑧ 여덟 번째　⑨ 아홉 번째
⑩ 열 번째　⑪ 열한 번째　⑫ 열두 번째

41) 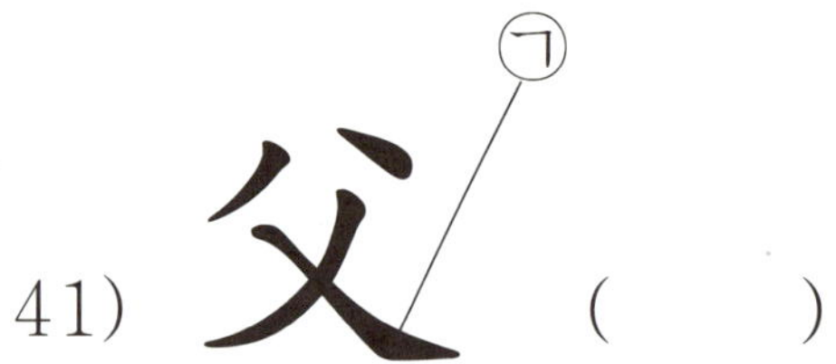 (   )

42)  (   ) .

8급(4) 예상문제 정답

1	실외	15	⑥	29	형 형
2	생일	16	④	30	어미 모
3	형제	17	⑧	31	③
4	모녀	18	②	32	⑨
5	백군	19	⑦	33	⑩
6	교실	20	⑤	34	⑥
7	선생	21	집 실	35	⑦
8	장형	22	아비 부	36	④
9	부모	23	푸를 청	37	⑤
10	청군	24	아우 제	38	②
11	⑨	25	먼저 선	39	⑧
12	③	26	흰 백	40	①
13	⑩	27	가르칠 교	41	④
14	①	28	날 생	42	⑤

▶ 다음 본문을 읽고, 필순에 맞게 한자를 쓰세요.

필순 : 一 一 一 一 一 亩 車 東 東

東	부수 木 나무 목
동녘 동	

동녘 동에 **문 문**은 東門이고요
東門은 동쪽의 문 입니다.

필순 : 一 丆 両 西 西 西

西	부수 襾 덮을 아
서녘 서	

서녘 서에 **메 산**은 西山이고요
西山은 서쪽의 산 입니다.

필순 : 一 十 古 内 南 南 南 南 南

南	부수 十 열 십
남녘 남	

남녘 남에 **나라 한**은 南韓이고요
南韓은 남쪽의 한국 입니다.

필순 : 北 北 北 北 北

北	부수 匕 숟가락 비
북녘 북	

북녘 북에 **나라 한**은 北韓이고요
北韓은 북쪽의 한국 입니다.

필순 : 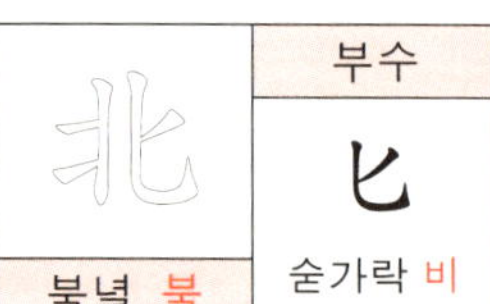 臼 臼 臼 學 學 學 學

學	부수 子 아들 자
배울 학	

배울 학에 **학교 교**는 學校이고요
學校는 학생들이 공부하는 곳 입니다.

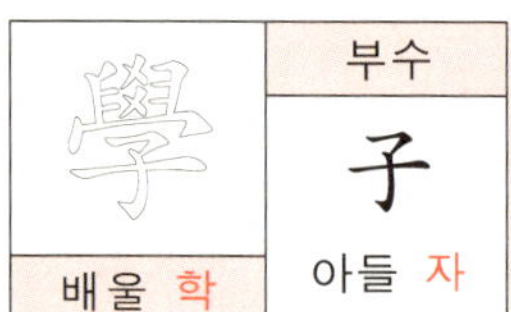

▶ 한자의 훈 음을 쓰고, 필순에 맞게 한자를 따라 쓰세요.

東	부수					
동녘 동					동녘 동	동녘 동
西	부수					
서녘 서					서녘 서	서녘 서
南	부수					
남녘 남					남녘 남	남녘 남
北	부수					
북녘 북					북녘 북	북녘 북
學	부수					
배울 학					배울 학	배울 학

▶ 다음 한자어의 독음을 쓰고, 낱말의 뜻을 쓰세요.

(1) 東門 (   ):

(2) 西山 (   ):

(3) 南韓 (   ):

(4) 北韓 (   ):

(5) 學校 (   ):

※ 오늘 배운 글자를 선생님께 「읽기점검」 한다 ⇨ 45자

▶ 다음 본문을 읽고, 필순에 맞게 한자를 쓰세요.

필순 : 一 十 才 木 朴 朴 栌 栌 栌 校

| 校
학교 교 | 부수
木
나무 목 | 학교 교에 긴 장은 校長이고요
校長은 학교의 어른 입니다. |

필순 : 艹 艹 艹 艹 芍 芍 苗 苗 萬 萬 萬 萬 萬

| 萬
일만 만 | 부수
艸
풀 초 | 열 십에 일만 만은 十萬이고요
十萬은 만의 열 배 입니다. |

필순 : 冖 冖 宧 宧 宣 宣 宣 軍

| 軍
군사 군 | 부수
車
수레 차 | 나라 국에 군사 군은 國軍이고요
國軍은 나라의 군대 입니다. |

필순 : 一 十 十 古 古 古 直 卓 卓 韩 韓 韓 韓 韓 韓 韓 韓

| 韓
나라 한 | 부수
韋
가죽 위 | 나라 한에 나라 국은 韓國이고요
韓國은 대한민국의 준말 입니다. |

필순 : 冂 冂 冂 冂 同 同 同 國 國 國 國

| 國
나라 국 | 부수
口
에워쌀 위 | 나라 국에 흙 토는 國土이고요
國土는 나라의 땅 입니다. |

► 한자의 훈 음을 쓰고, 필순에 맞게 한자를 따라 쓰세요.

校	부수 木	校	校	校		
학교 교					학교 교	학교 교
萬	부수 艸	萬	萬	萬		
일만 만					일만 만	일만 만
軍	부수 車	軍	軍	軍		
군사 군					군사 군	군사 군
韓	부수 韋	韓	韓	韓		
나라 한					나라 한	나라 한
國	부수 囗	國	國	國		
나라 국					나라 국	나라 국

► 다음 한자어의 독음을 쓰고, 낱말의 뜻을 쓰세요.

(1) 校長 (   ) :

(2) 十萬 (   ) :

(3) 國軍 (   ) :

(4) 韓國 (   ) :

(5) 國土 (   ) :

※ 오늘 배운 글자를 선생님께 「읽기점검」 한다 ⇨ 50자

▶ 다음 한자의 훈과 음을 쓰고, 한자를 따라 쓰세요.

一	二	三	四	五
六	七	八	九	十
日	月	火	水	木
金	土	寸	女	王
人	民	山	外	大
中	小	年	長	門
靑	白	父	母	兄
弟	先	生	敎	室
東	西	南	北	學
校	萬	軍	韓	國

▶ 다음 한자의 훈과 음에 맞는 한자를 쓰세요.

한 일	두 이	석 삼	넉 사	다섯 오
여섯 륙	일곱 칠	여덟 팔	아홉 구	열 십
날 일	달 월	불 화	물 수	나무 목
쇠 금 / 성 김	흙 토	마디 촌	계집 녀	임금 왕
사람 인	백성 민	메 산	바깥 외	큰 대
가운데 중	작을 소	해 년	긴 장	문 문
푸를 청	흰 백	아비 부	어미 모	형 형
아우 제	먼저 선	날 생	가르칠 교	집 실
동녘 동	서녘 서	남녘 남	북녘 북	배울 학
학교 교	일만 만	군사 군	나라 한	나라 국

▶ 다음 한자어의 독음을 쓰고, 한자어를 따라 쓰세요.

國	土			十	萬		
東	門			學	校		
韓	國			南	韓		
北	韓			國	軍		
西	山			校	長		

▶ 다음 독음에 맞는 한자어를 쓰세요.

국	토			십	만		
동	문			학	교		
한	국			남	한		
북	한			국	군		
서	산			교	장		

❶ 다음 漢字語한자어의 讀音독음을 쓰세요.

> <보기>　一月 → (일월)

1) 國土 (　　　)　　2) 十萬 (　　　)

3) 東門 (　　　)　　4) 學校 (　　　)

5) 韓國 (　　　)　　6) 南韓 (　　　)

7) 北韓 (　　　)　　8) 國軍 (　　　)

9) 西山 (　　　)　　10) 校長 (　　　)

❷ 다음 글을 읽고 밑줄 친 音음에 해당하는 漢字한자를 <보기>에서 찾아 그 번호를 쓰세요.

> <보기>
>
> ① 國　② 北　③ 東　④ 軍　⑤ 南
> ⑥ 校　⑦ 韓　⑧ 學　⑨ 西　⑩ 萬

11) 동쪽의 문 – 동문 ··································(　　　)

12) 서쪽의 산 – 서산 ·························· (   )

13) 남쪽의 한국 – 남한 ······················· (   )

14) 북쪽의 한국 – 북한 ······················· (   )

15) 학생들이 공부 하는 곳 – 학교 ··········· (   )

16) 학교의 어른 – 교장 ······················ (   )

17) 만의 열배 – 십만 ························· (   )

18) 나라의 군대 – 국군 ······················ (   )

19) 대한민국의 준말 – 한국 ·················· (   )

20) 나라의땅 – 국토 ························· (   )

❸ 다음 漢字한자에 알맞은 訓(훈:뜻)과 音(음:소리)을 쓰세요.

<보기>   十 → (열   십)

21) 萬 (   )   22) 西 (   )

23) 學 (　　　)　　24) 韓 (　　　)

25) 校 (　　　)　　26) 南 (　　　)

27) 軍 (　　　)　　28) 東 (　　　)

29) 北 (　　　)　　30) 國 (　　　)

4 다음 뜻에 알맞은 漢字한자를 <보기>에서 찾아
그 번호를 쓰세요.

<보기>

① 北　② 國　③ 軍　④ 東　⑤ 校
⑥ 南　⑦ 學　⑧ 韓　⑨ 萬　⑩ 西

31) 동쪽 (　　　)　　32) 서쪽 (　　　)

33) 남쪽 (　　　)　　34) 북쪽 (　　　)

35) 배우다 (　　)　　36) 학교 (　　)

37) 일만 (　　　)　　38) 군사 (　　)

39) 나라(한)(　　)　　40) 나라(국)(　　　)

5 다음 漢字의 ㉠획은 몇 번째 쓰는지 <보기>에서 찾아 그 번호를 쓰세요.

<보기>

① 첫 번째   ② 두 번째   ③ 세 번째
④ 네 번째   ⑤ 다섯 번째   ⑥ 여섯 번째
⑦ 일곱 번째   ⑧ 여덟 번째   ⑨ 아홉 번째
⑩ 열 번째   ⑪ 열한 번째   ⑫ 열두 번째

41) 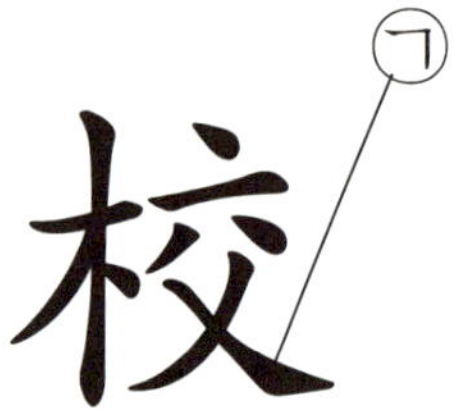 校   (   )

42) 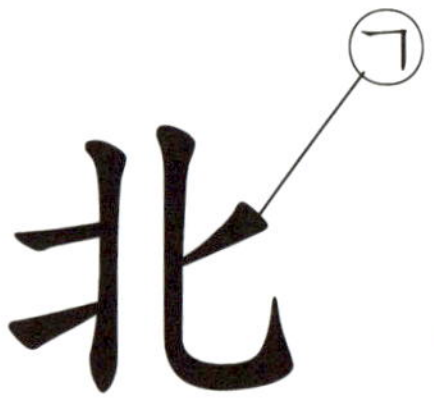 北   (   )

1	국토	15	⑧	29	북녘 북
2	십만	16	⑥	30	나라 국
3	동문	17	⑩	31	④
4	학교	18	④	32	⑩
5	한국	19	⑦	33	⑥
6	남한	20	①	34	①
7	북한	21	일만 만	35	⑦
8	국군	22	서녘 서	36	⑤
9	서산	23	배울 학	37	⑨
10	교장	24	나라 한	38	③
11	③	25	학교 교	39	⑧
12	⑨	26	남녘 남	40	②
13	⑤	27	군사 군	41	⑩
14	②	28	동녘 동	42	④

四 字 小 學 (1)

父 生 我 身 하고 아버지는 나의 몸을 낳으시고
아비 부 / 날 생 / 나 아 / 몸 신

母 育 吾 身 이로다 어머니는 나의 몸을 기르셨도다.
어미 모 / 기를 육 / 나 오 / 몸 신

腹 以 懷 我 하고 배로써 나를 품어 주시고
배 복 / 써 이 / 품을 회 / 나 아

乳 以 哺 我 로다 젖으로써 나를 먹여주셨도다.
젖 유 / 써 이 / 먹일 포 / 나 아

以 衣 溫 我 하고 옷으로써 나를 따뜻하게 하시고
써 이 / 옷 의 / 따뜻할 온 / 나 아

以 食 活 我 로다 밥으로써 나를 살리셨도다.
써 이 / 밥 식 / 살 활 / 나 아

恩 高 如 天 하고 은혜 높아 하늘과 같고
은혜 혜 / 높을 고 / 같을 여 / 하늘 천

爲 厚 似 地 로다 덕이 두터워 땅과 같도다.
될 위 / 두터울 후 / 같을 사 / 땅 지

爲 人 子 者 - 사람의 자식이 된 자
될 위 / 사람 인 / 아들 자 / 놈 자

曷 不 爲 孝 리오 어찌 효도 하지 않으리오.
어찌 갈 / 아닐 불 / 할 위 / 효도 효

欲 報 其 爲 인댄 그 은덕을 갚고자 할진댄
하고자할 욕 / 갚을 보 / 그 기 / 될 위

昊 天 罔 極 이로다 하늘이 다함이 없도다.
하늘 호 / 하늘 천 / 없을 망 / 다할 극

본 교재의 학습방법 및 학습순서

1 본문 학습

– 아래와 같이 ◯ 을 그리며 학습한다.

▶ 본문 읽기 : **집 가**에 일 **사**는 '**집 가. 일 사.**' 가사이고요
집안과 문중 **가문**입니다.

▶ 한자 쓰기 : 필순에 맞게 한자를 쓴다.

▶ 부수 읽기 : **집 가**의 부수는 집 **면**

필순 : 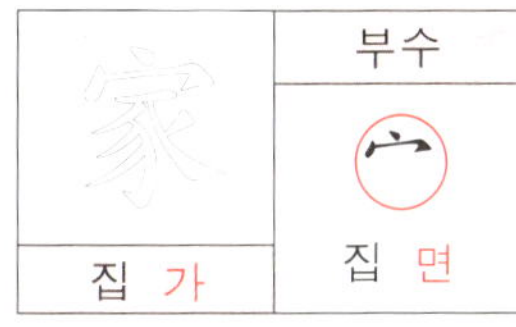

家	부수 ⁀
집 가	집 면

집 가에 일 사는 家事이고요
　　　　　　　　가사
집안과 문중 家門입니다.
　　　　　　가문

2 한자 쓰기

한자쓰기 후 (교사는) 오늘 배운 글자를 「읽기점검」 하고 점검 일자를 표기한다.
　① (가로로) 훈 음 읽기
　② (거꾸로) 훈 음 읽기
　③ 한자어 읽기
　④ (세로로) 훈 음 읽기

3 쓰기 복습

4 예상 문제

▶ 다음 본문을 읽고, 필순에 맞게 한자를 쓰세요.

필순 : 宀 宀 宀 宁 宇 宇 家 家 家 家 家

家	부수 宀
집 가	집 면

집 가에 일 사는 家事이고요
가사
집안과 문중 家門입니다.
가문

필순 : 哥 哥 哥 哥 哥 哥 哥 哥 哥 哥 歌 歌 歌

歌	부수 欠
노래 가	하품 흠

노래 가에 손 수는 歌手이고요
가수
학교의 노래 校歌입니다.
교가

필순 : 間 間 間 間 間 門 門 門 間 間 間 間

間	부수 門
사이 간	문 문

사람 인에 사이 간은 人間이고요
인간
두 물건의 사이 中間입니다.
중간

필순 : 丶 一 汀 氵 汀 江 江

江	부수 水(氵)
강 강	물 수

강 강에 마을 촌은 江村이고요
강촌
강과 산 江山입니다.
강산

필순 : 一 亓 市 市 亩 直 車

車	부수 車
수레 차	수레 차

수레 차에 길 도는 車道이고요
차도
흰 빛깔의 자동차 白車입니다.
백차

▶ 한자의 훈 음을 쓰고, 필순에 맞게 한자를 따라 쓰세요.

家	부수 宀	家	家	家		
집 가					집 가	집 가
歌	부수 欠	歌	歌	歌		
노래 가					노래 가	노래 가
間	부수 門	間	間	間		
사이 간					사이 간	사이 간
江	부수 水	江	江	江		
강 강					강 강	강 강
車	부수 車	車	車	車		
수레 차					수레 차	수레 차

▶ 다음 한자어의 독음을 쓰고, 낱말의 뜻을 쓰세요.

(1) 家門 (   ) :

(2) 校歌 (   ) :

(3) 中間 (   ) :

(4) 江村 (   ) :

(5) 白車 (   ) :

※ 오늘 배운 글자를 선생님께 「읽기점검」 한다 ⇨ 55자

▶ 다음 본문을 읽고, 필순에 맞게 한자를 쓰세요.

필순 : 丁 丁 工

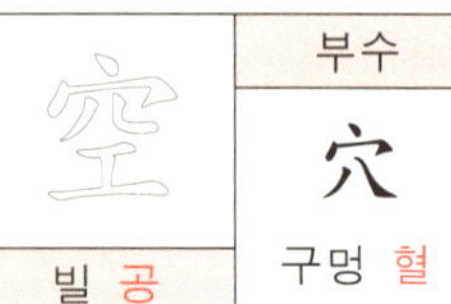

	부수
工	工
장인 공	장인 공

장인 공에 지아비 부는 工夫이고요
　　　　　　　　　　　공부
건축 등에 관한 일 工事입니다.
　　　　　　　　공사

필순 : 丶 宀 宀 空 空 空 空 空

	부수
空	穴
빌 공	구멍 혈

빌 공에 가운데 중은 空中이고요
　　　　　　　　　공중
아무것도 없이 비어있음 空白입니다.
　　　　　　　　　　공백

필순 : 丨 口 口

	부수
口	口
입 구	입 구

밥 식에 입 구는 食口이고요
　　　　　　식구
지역 안에 사는 사람의 수효 人口입니다.
　　　　　　　　　　　　인구

필순 : 丶 宀 言 言 言 言 言 記 記 記

	부수
記	言
기록할 기	말씀 언

윗 상에 기록할 기는 上記이고요
　　　　　　　　상기
날마다 기록한 글 日記입니다.
　　　　　　　일기

필순 : 丿 仁 仁 气 气 气 氣 氣 氣 氣

	부수
氣	气
기운 기	기운 기

빌 공에 기운 기는 空氣이고요
　　　　　　　　공기
세상 사람의 좋은 평판 人氣입니다.
　　　　　　　　　인기

	부수					
工		工	工	工		
장인 공					장인 공	장인 공
空	부수 穴	空	空	空		
빌 공					빌 공	빌 공
口	부수	口	口	口		
입 구					입 구	입 구
記	부수 言	記	記	記		
기록할 기					기록할 기	기록할 기
氣	부수 气	氣	氣	氣		
기운 기					기운 기	기운 기

▶ 다음 한자어의 독음을 쓰고, 낱말의 뜻을 쓰세요.

(1) 工事 (   ):

(2) 空白 (   ):

(3) 人口 (   ):

(4) 日記 (   ):

(5) 人氣 (   ):

※ 오늘 배운 글자를 선생님께 「읽기점검」 한다 ⇨ 60자

日	月	火	水	木
金	土	寸	女	王
人	民	山	外	大
中	小	年	長	門
靑	白	父	母	兄
弟	先	生	敎	室
東	西	南	北	學
校	萬	軍	韓	國
家	歌	間	江	車
工	空	口	記	氣

날 일	달 월	불 화	물 수	나무 목
쇠 금 / 성 김	흙 토	마디 촌	계집 녀	임금 왕
사람 인	백성 민	메 산	바깥 외	큰 대
가운데 중	작을 소	해 년	긴 장	문 문
푸를 청	흰 백	아비 부	어미 모	형 형
아우 제	먼저 선	날 생	가르칠 교	집 실
동녘 동	서녘 서	남녘 남	북녘 북	배울 학
학교 교	일만 만	군사 군	나라 한	나라 국
집 가	노래 가	사이 간	강 강	수레 차 / 거
장인 공	빌 공	입 구	기록할 기	기운 기

▶ 다음 한자어의 독음을 쓰고, 한자어를 따라 쓰세요.

人	氣	日	記	人	口	空	白
工	事	白	車	江	山	中	間
校	歌	家	門	空	氣	上	記
食	口	空	中	工	夫	車	道
江	村	人	間	歌	手	家	事

▶ 다음 독음에 맞는 한자어를 쓰세요.

인	기	일	기	인	구	공	백
공	사	백	차	강	산	중	간
교	가	가	문	공	기	상	기
식	구	공	중	공	부	차	도
강	촌	인	간	가	수	가	사

❶ 다음 漢字語한자어의 讀音독음을 쓰세요.

<보기>　一月 → (일월)

1) 人氣 (　　　)　　2) 日記 (　　　)

3) 人口 (　　　)　　4) 空白 (　　　)

5) 工事 (　　　)　　6) 白車 (　　　)

7) 江山 (　　　)　　8) 中間 (　　　)

9) 校歌 (　　　)　　10) 家門 (　　　)

11) 空氣 (　　　)　　12) 上記 (　　　)

13) 食口 (　　　)　　14) 空中 (　　　)

15) 工夫 (　　　)　　16) 車道 (　　　)

17) 江村 (　　　)　　18) 人間 (　　　)

19) 歌手 (　　　)　　20) 家事 (　　　)

❷ 다음 漢字한자의 訓(훈:뜻)과 音(음:소리)을 쓰세요.

<보기>　十 → (열　십)

21) 家 (　　　　)　　22) 間 (　　　　)

23) 車 (　　　　)　　24) 空 (　　　　)

25) 記 (　　　　)　　26) 歌 (　　　　)

27) 江 (　　　　)　　28) 工 (　　　　)

29) 口 (　　　　)　　30) 氣 (　　　　)

❸ 다음 訓(훈:뜻)과 音(음:소리)에 맞는 漢字한자를 <보기>에서 찾아 그 번호를 쓰세요.

<보기>
① 間　② 空　③ 歌　④ 工　⑤ 氣
⑥ 家　⑦ 車　⑧ 記　⑨ 江　⑩ 口

31) 기운 기 (　　　　)　　32) 장인 공 (　　　　)

33) 노래 가 (　　　　)　　34) 빌　공 (　　　　)

35) 사이 간 (　　　　)　　36) 입　구 (　　　　)

37) 강　강 (　　　　)　　38) 기록할 기 (　　　　)

39) 수레 차 (　　　　)　　40) 집　가 (　　　　)

4 다음 밑줄 친 漢字語한자어를 <보기>에서 골라 쓰세요.

<보기>
① 日記   ② 家門   ③ 江村   ④ 中間

41) 강가에 있는 마을 – 강촌 ················ (   )

42) 날마다 기록한 글 – 일기 ················ (   )

43) 집안과 문중 – 가문 ····················· (   )

44) 두 물건 사이 – 중간 ···················· (   )

5 다음 漢字한자와 상대, 또는 반대되는 漢字한자를 <보기>에서 골라 그 번호를 쓰세요.

<보기>
① 東   ② 學   ③ 校   ④ 北

45) 教 (   )   46) 南 (   )

6 다음 漢字語한자어의 뜻을 쓰세요.

47) 校歌 :

48) 江山 :

7 다음 漢字의 ㉠획은 몇 번째 쓰는지 <보기>에서 찾아 그 번호를 쓰세요.

<보기>

① 첫 번째　　② 두 번째　　③ 세 번째

④ 네 번째　　⑤ 다섯 번째　　⑥ 여섯 번째

⑦ 일곱 번째　　⑧ 여덟 번째　　⑨ 아홉 번째

⑩ 열 번째　　⑪ 열한 번째　　⑫ 열두 번째

49) 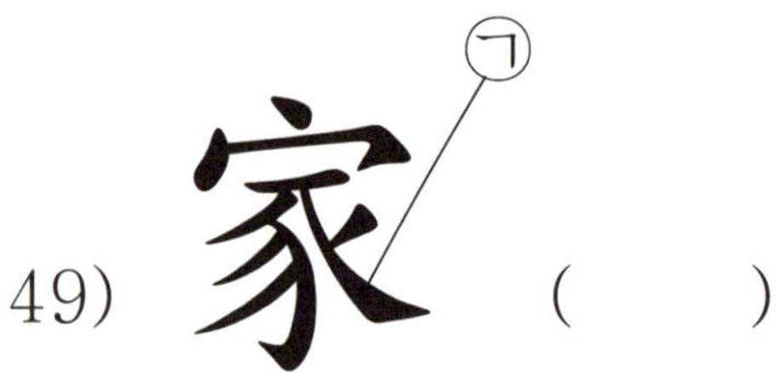 家 ㉠ (　　)

50) 間 ㉠ (　　)

7급(1) 예상문제 정답

1	인기	18	인간	35	①
2	일기	19	가수	36	⑩
3	인구	20	가사	37	⑨
4	공백	21	집 가	38	⑧
5	공사	22	사이 간	39	⑦
6	백차	23	수레 차 / 거	40	⑥
7	강산	24	빌 공	41	江村
8	중간	25	기록할 기	42	日記
9	교가	26	노래 가	43	家門
10	가문	27	강 강	44	中間
11	공기	28	장인 공	45	②
12	상기	29	입 구	46	④
13	식구	30	기운 기	47	학교의 노래
14	공중	31	⑤	48	강과 산
15	공부	32	④	49	⑩
16	차도	33	③	50	⑥
17	강촌	34	②		

▶ 다음 본문을 읽고, 필순에 맞게 한자를 쓰세요.

필순 : 旗 𣜤 方 方 扩 㫃 斿 㫃 旂 旗 旗 旗 旗

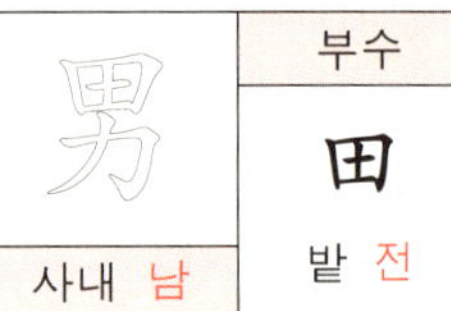

旗	부수 方
기 **기**	모 **방**

군사 군에 기 기는 軍旗이고요
군기
나라상징 하는 기 國旗입니다.
국기

필순 : 丨 口 日 田 田 男 男

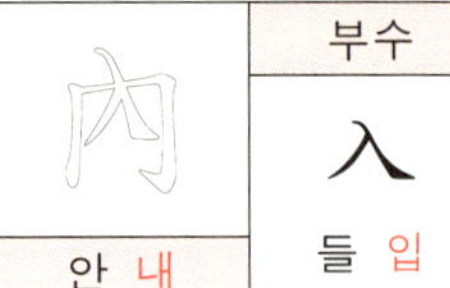

男	부수 田
사내 **남**	밭 **전**

사내 남에 아들 자는 男子이고요
남자
남자와 여자 男女입니다.
남녀

필순 : 丨 冂 內 內

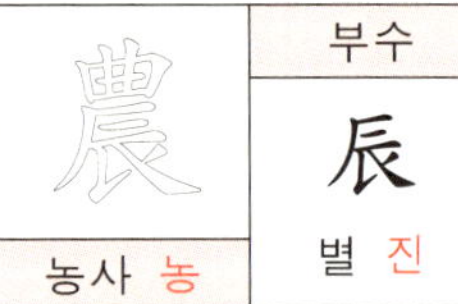

內	부수 入
안 **내**	들 **입**

집 실에 안 내는 室內이고요
실내
나라의 안 國內입니다.
국내

필순 : 丨 口 日 曲 曲 曲 曲 農 農 農 農 農 農

農	부수 辰
농사 **농**	별 **진**

농사 농에 집 가는 農家이고요
농가
농사를 짓는 땅 農土입니다.
농토

필순 : 𥫗 𥫗 𥫗 答 答 答 答 答 答 答 答 答

答	부수 竹
대답 **답**	대 **죽**

물을 문에 대답 답은 問答이고요
문답
옳은 답 正答입니다.
정답

	부수					
旗	方	旗	旗	旗		
기 기					기 기	기 기
男	田	男	男	男		
사내 남					사내 남	사내 남
內	入	內	內	內		
안 내					안 내	안 내
農	辰	農	農	農		
농사 농					농사 농	농사 농
答	竹	答	答	答		
대답 답					대답 답	대답 답

▶ 다음 한자어의 독음을 쓰고, 낱말의 뜻을 쓰세요.

(1) 國旗 (   ):

(2) 男女 (   ):

(3) 國內 (   ):

(4) 農土 (   ):

(5) 正答 (   ):

※ 오늘 배운 글자를 선생님께 「읽기점검」 한다 ⇨ 65자

▶ 다음 본문을 읽고, 필순에 맞게 한자를 쓰세요.

필순 : 道 道 道 辶 辶 首 首 首 道 道 道 道 道

	부수	
道	辵(辶)	사람 인에 길 도는 人道이고요 인도 나라에서 지정한 도로 國道입니다. 국도
길 도	갈 착	

필순 : 丶 夂 冬 冬 冬

	부수	
冬	冫	설 립에 겨울 동은 立冬이고요 입동 가을과 겨울 秋冬입니다. 추동
겨울 동	얼음 빙	

필순 : 冂 冂 冋 同 同 同

	부수	
同	口	한가지 동에 한 일은 同一이고요 동일 같은 학교 출신 同門입니다. 동문
한가지 동	입 구	

필순 : 丶 丶 氵 氵 汩 洞 洞 洞 洞

	부수	
洞	水(氵)	골 동에 긴 장은 洞長이고요 동장 한 동네에 사는 사람 洞民입니다. 동민
골 동	물 수	

필순 : 一 千 千 舌 舌 盲 重 重 動 動

	부수	
動	力	움직일 동에 물건 물은 動物이고요 동물 생기 있게 살아 움직임 生動입니다. 생동
움직일 동	힘 력	

▶ 한자의 훈 음을 쓰고, 필순에 맞게 한자를 따라 쓰세요.

道	부수	辶	道	道	道		
길 도						길 도	길 도
冬	부수	冫	冬	冬	冬		
겨울 동						겨울 동	겨울 동
同	부수	口	同	同	同		
한가지 동						한가지 동	한가지 동
洞	부수	水	洞	洞	洞		
골 동						골 동	골 동
動	부수	力	動	動	動		
움직일 동						움직일 동	움직일 동

▶ 다음 한자어의 독음을 쓰고, 낱말의 뜻을 쓰세요.

(1) 國道 (   ):

(2) 秋冬 (   ):

(3) 同門 (   ):

(4) 洞民 (   ):

(5) 生動 (   ):

▶ 다음 한자의 훈과 음을 쓰고, 한자를 따라 쓰세요.

人	民	山	外	大
中	小	年	長	門
靑	白	父	母	兄
弟	先	生	敎	室
東	西	南	北	學
校	萬	軍	韓	國
家	歌	間	江	車
工	空	口	記	氣
旗	男	內	農	答
道	冬	同	洞	動

사람 인	백성 민	메 산	바깥 외	큰 대
가운데 중	작을 소	해 년	긴 장	문 문
푸를 청	흰 백	아비 부	어미 모	형 형
아우 제	먼저 선	날 생	가르칠 교	집 실
동녘 동	서녘 서	남녘 남	북녘 북	배울 학
학교 교	일만 만	군사 군	나라 한	나라 국
집 가	노래 가	사이 간	강 강	수레 차 / 거
장인 공	빌 공	입 구	기록할 기	기운 기
기 기	사내 남	안 내	농사 농	대답 답
길 도	겨울 동	한가지 동	골 동	움직일 동

▶ 다음 한자어의 독음을 쓰고, 한자어를 따라 쓰세요.

生	動	洞	民	同	門	秋	冬
國	道	正	答	農	土	國	內
男	女	國	旗	動	物	洞	長
同	一	立	冬	人	道	問	答
農	家	室	內	男	子	軍	旗

▶ 다음 독음에 맞는 한자어를 쓰세요.

생	동	동	민	동	문	추	동
국	도	정	답	농	토	국	내
남	녀	국	기	동	물	동	장
동	일	입	동	인	도	문	답
농	가	실	내	남	자	군	기

❶ 다음 漢字語한자어의 讀音독음을 쓰세요.

> <보기>　一月 → (일월)

1) 生動 (　　　)　　2) 洞民 (　　　)

3) 同門 (　　　)　　4) 秋冬 (　　　)

5) 國道 (　　　)　　6) 正答 (　　　)

7) 農土 (　　　)　　8) 國內 (　　　)

9) 男女 (　　　)　　10) 國旗 (　　　)

11) 動物 (　　　)　　12) 洞長 (　　　)

13) 同一 (　　　)　　14) 立冬 (　　　)

15) 人道 (　　　)　　16) 問答 (　　　)

17) 農家 (　　　)　　18) 室內 (　　　)

19) 男子 (　　　)　　20) 軍旗 (　　　)

❷ 다음 漢字한자의 訓(훈:뜻)과 音(음:소리)을 쓰세요.

<보기> 十 → (열   십)

21) 旗 (   )   22) 農 (   )

23) 道 (   )   24) 同 (   )

25) 洞 (   )   26) 男 (   )

27) 內 (   )   28) 答 (   )

29) 冬 (   )   30) 動 (   )

❸ 다음 訓(훈:뜻)과 音(음:소리)에 맞는 漢字한자를 <보기>에서 찾아 그 번호를 쓰세요.

<보기>
① 旗   ② 內   ③ 洞   ④ 道   ⑤ 冬
⑥ 農   ⑦ 答   ⑧ 男   ⑨ 同   ⑩ 動

31) 농사 농 (   )   32) 한가지 동(   )

33) 사내 남 (   )   34) 대답 답 (   )

35) 움직일 동(   )   36) 기   기 (   )

37) 길   도 (   )   38) 골   동 (   )

39) 안   내 (   )   40) 겨울 동 (   )

7급(2) 예상문제

월 일 / 확인

4 다음 밑줄 친 漢字語한자어를 <보기>에서 골라 쓰세요.

<보기>

① 同一 ② 室內 ③ 問答 ④ 人道

41) <u>실내</u>에서는 뛰어 다니지 말라. ……… (   )

42) 사람은 <u>인도</u>로 다녀야 한다. ………… (   )

43) <u>동일</u>한 방법으로 해봐라. ……………… (   )

44) <u>문답</u>을 주고받았다. ………………………… (   )

5 다음 漢字한자와 상대, 또는 반대되는 漢字한자를 <보기>에서 골라 그 번호를 쓰세요.

<보기>

① 中 ② 小 ③ 南 ④ 西

45) 大 (   )   46) 東 (   )

6 다음 漢字語한자어의 뜻을 쓰세요.

47) 男女 :

48) 農土 :

7 다음 漢字의 ㉠획은 몇 번째 쓰는지 <보기>에서 찾아 그 번호를 쓰세요.

<보기>

① 첫 번째　　② 두 번째　　③ 세 번째
④ 네 번째　　⑤ 다섯 번째　　⑥ 여섯 번째
⑦ 일곱 번째　　⑧ 여덟 번째　　⑨ 아홉 번째
⑩ 열 번째　　⑪ 열한 번째　　⑫ 열두 번째

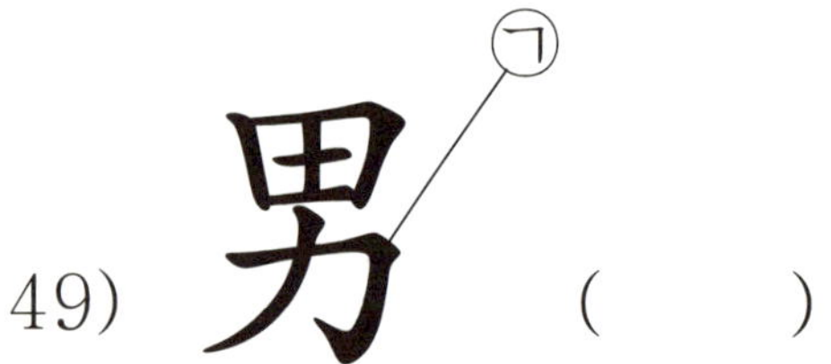

49) 男　(　)

50) 空　(　)

7급(2) 예상문제 정답

1	생동	18	실내	35	⑩
2	동민	19	남자	36	①
3	동문	20	군기	37	④
4	추동	21	기 기	38	③
5	국도	22	농사 농	39	②
6	정답	23	길 도	40	⑤
7	농토	24	한 가지 동	41	室內
8	국내	25	골 동	42	人道
9	남녀	26	사내 남	43	同一
10	국기	27	안 내	44	問答
11	동물	28	대답 답	45	②
12	동장	29	겨울 동	46	④
13	동일	30	움직일 동	47	남자와 여자
14	입동	31	⑥	48	농사를 짓는 땅
15	인도	32	⑨	49	⑥
16	문답	33	⑧	50	③
17	농가	34	⑦		

▶ 다음 본문을 읽고, 필순에 맞게 한자를 쓰세요.

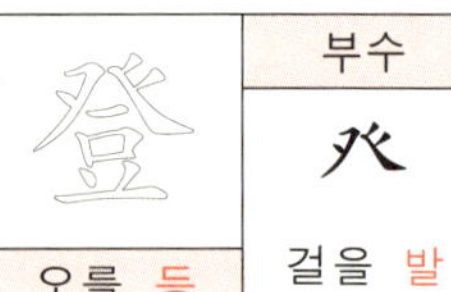

登	부수 癶 걸을 발
오를 등	

오를 등에 메 산은 登山이고요
등산
학교에 가는 것 登校입니다.
등교

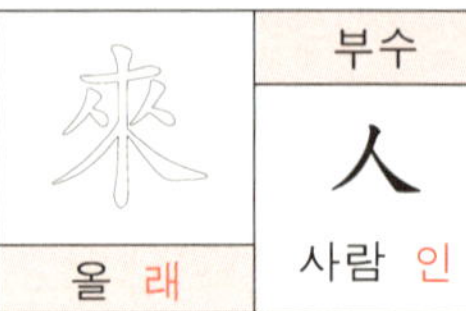

來	부수 人 사람 인
올 래	

올 래에 날 일은 來日이고요
내일
올해의 다음해 來年입니다.
내년

필순 : フ力

力	부수 力 힘 력
힘 력	

온전 전에 힘 력은 全力이고요
전력
학문의 실력 學力입니다.
학력

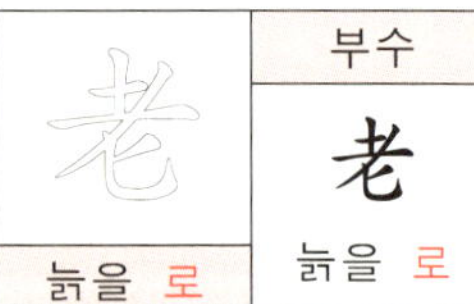

老	부수 老 늙을 로
늙을 로	

늙을 로에 사람 인은 老人이고요
노인
늙으신 어머니 老母입니다.
노모

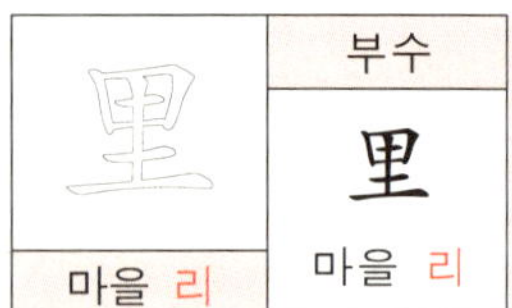

里	부수 里 마을 리
마을 리	

마을 리에 긴 장은 里長이고요
이장
사람이 사는 마을 洞里입니다.
동리

▶ 한자의 훈 음을 쓰고, 필순에 맞게 한자를 따라 쓰세요.

登	부수 癶	登	登	登		
오를 등					오를 등	오를 등
來	부수 人	來	來	來		
올 래					올 래	올 래
力	부수 力	力	力	力		
힘 력					힘 력	힘 력
老	부수 老	老	老	老		
늙을 로					늙을 로	늙을 로
里	부수 里	里	里	里		
마을 리					마을 리	마을 리

▶ 다음 한자어의 독음을 쓰고, 낱말의 뜻을 쓰세요.

(1) 登校 (   ) :

(2) 來年 (   ) :

(3) 學力 (   ) :

(4) 老母 (   ) :

(5) 洞里 (   ) :

▶ 다음 본문을 읽고, 필순에 맞게 한자를 쓰세요.

필순 : ㄱ ㅓ ㅓ ㅓ 木 村 村 林 林

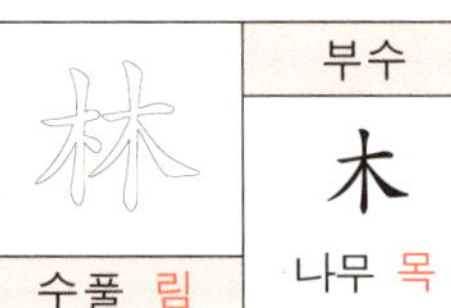

林	부수 木
수풀 **림**	나무 **목**

메 산에 수풀 림은 山林이고요
산림
농업과 임업 農林입니다.
농림

필순 : ㅣ 二 亠 立 立

立	부수 立
설 **립**	설 **립**

저자 시에 설 립은 市立이고요
시립
나라에서 세운 것 國立입니다.
국립

필순 : ㅗ 每 ㅗ 句 每 每 每

每	부수 母
매양 **매**	말 **무**

매양 매에 해 년은 每年이고요
매년
날마다 每日입니다.
매일

필순 : 一 丁 丙 丙 而 而 面 面 面

面	부수 面
낯 **면**	낯 **면**

안 내에 낯 면은 內面이고요
내면
겉에 나타나는 모양 外面입니다.
외면

필순 : ノ ク タ タ 名 名

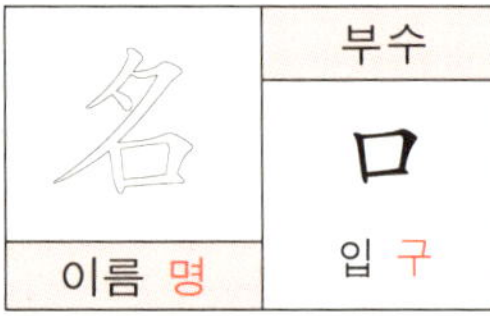

名	부수 口
이름 **명**	입 **구**

이름 명에 물건 물은 名物이고요
명물
이름난 산 名山입니다.
명산

▶ 한자의 훈 음을 쓰고, 필순에 맞게 한자를 따라 쓰세요.

林	부수 木	林	林	林		
수풀 림					수풀 림	수풀 림
立	부수 立	立	立	立		
설 립					설 립	설 립
每	부수 母	每	每	每		
매양 매					매양 매	매양 매
面	부수 面	面	面	面		
낯 면					낯 면	낯 면
名	부수 口	名	名	名		
이름 명					이름 명	이름 명

▶ 다음 한자어의 독음을 쓰고, 낱말의 뜻을 쓰세요.

(1) 農林 (   ):

(2) 國立 (   ):

(3) 每日 (   ):

(4) 外面 (   ):

(5) 名山 (   ):

靑	白	父	母	兄
弟	先	生	敎	室
東	西	南	北	學
校	萬	軍	韓	國
家	歌	間	江	車
工	空	口	記	氣
旗	男	內	農	答
道	冬	同	洞	動
登	來	力	老	里
林	立	每	面	名

푸를 청	흰 백	아비 부	어미 모	형 형
아우 제	먼저 선	날 생	가르칠 교	집 실
동녘 동	서녘 서	남녘 남	북녘 북	배울 학
학교 교	일만 만	군사 군	나라 한	나라 국
집 가	노래 가	사이 간	강 강	수레 차 / 거
장인 공	빌 공	입 구	기록할 기	기운 기
기 기	사내 남	안 내	농사 농	대답 답
길 도	겨울 동	한가지 동	골 동	움직일 동
오를 등	올 래	힘 력	늙을 로	마을 리
수풀 림	설 립	매양 매	낯 면	이름 명

名	山	外	面	每	日	國	立
農	林	洞	里	老	母	學	力
來	年	登	校	名	物	內	面
每	年	市	立	山	林	里	長
老	人	全	力	來	日	登	山

▶ 다음 독음에 맞는 한자어를 쓰세요.

명	산	외	면	매	일	국	립
농	림	동	리	노	모	학	력
내	년	등	교	명	물	내	면
매	년	시	립	산	림	이	장
노	인	전	력	내	일	등	산

① 다음 漢字語한자어의 讀音독음을 쓰세요.

> <보기>　一月 → (일월)

1) 名山 (　　　)　　　2) 外面 (　　　)

3) 每日 (　　　)　　　4) 國立 (　　　)

5) 農林 (　　　)　　　6) 洞里 (　　　)

7) 老母 (　　　)　　　8) 學力 (　　　)

9) 來年 (　　　)　　　10) 登校 (　　　)

11) 名物 (　　　)　　　12) 內面 (　　　)

13) 每年 (　　　)　　　14) 市立 (　　　)

15) 山林 (　　　)　　　16) 里長 (　　　)

17) 老人 (　　　)　　　18) 全力 (　　　)

19) 來日 (　　　)　　　20) 登山 (　　　)

② 다음 漢字한자의 訓(훈:뜻)과 音(음:소리)을 쓰세요.

> <보기>　十 → (열　십)

21) 登 (　　　　)　　22) 力 (　　　　)

23) 里 (　　　　)　　24) 立 (　　　　)

25) 面 (　　　　)　　26) 來 (　　　　)

27) 老 (　　　　)　　28) 林 (　　　　)

29) 每 (　　　　)　　30) 名 (　　　　)

③ 다음 訓(훈:뜻)과 音(음:소리)에 맞는 漢字한자를 <보기>에서 찾아 그 번호를 쓰세요.

> <보기>
>
> ① 每　② 名　③ 林　④ 老　⑤ 來
> ⑥ 面　⑦ 立　⑧ 里　⑨ 力　⑩ 登

31) 힘　력 (　　　　)　　32) 설　립 (　　　　)

33) 올　래 (　　　　)　　34) 수풀 림 (　　　　)

35) 이름 명 (　　　　)　　36) 오를 등 (　　　　)

37) 마을 리 (　　　　)　　38) 낮　면 (　　　　)

39) 늙을 로 (　　　　)　　40) 매양 매 (　　　　)

④ 다음 밑줄 친 漢字語한자어를 <보기>에서 골라 쓰세요.

<보기>

① 老母   ② 洞里   ③ 山林   ④ 名山

41) 금강산은 <u>명산</u>이다. ……………………… (   )

42) <u>노모</u>에게 효도를 다하다. ……………… (   )

43) <u>산림</u>이 우거진 산길을 걸었다. ……… (   )

44) 한 <u>동리</u>에 사는 사람. ………………… (   )

⑤ 다음 漢字한자와 상대, 또는 반대되는 漢字한자를 <보기>에서 골라 그 번호를 쓰세요.

<보기>

① 火   ② 木   ③ 母   ④ 金

45) 父 (   )   46) 水 (   )

⑥ 다음 漢字語한자어의 뜻을 쓰세요.

47) 每日 :

48) 國立 :

7 다음 漢字의 ㉠획은 몇 번째 쓰는지 <보기>에서 찾아 그 번호를 쓰세요.

<보기>

① 첫 번째　　② 두 번째　　③ 세 번째
④ 네 번째　　⑤ 다섯 번째　　⑥ 여섯 번째
⑦ 일곱 번째　　⑧ 여덟 번째　　⑨ 아홉 번째
⑩ 열 번째　　⑪ 열한 번째　　⑫ 열두 번째

49) 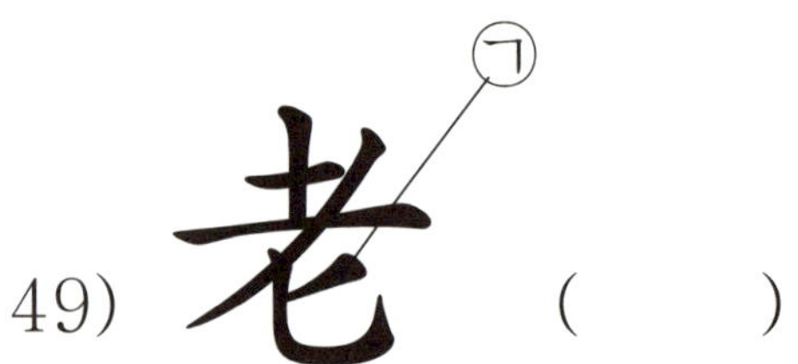 老　(　　)

50) 力　(　　)

7급(3) 예상문제 정답

1	명산	18	전력	35	②
2	외면	19	내일	36	⑩
3	매일	20	등산	37	⑧
4	국립	21	오를 등	38	⑥
5	농림	22	힘 력	39	④
6	동리	23	마을 리	40	①
7	노모	24	설 립	41	名山
8	학력	25	낯 면	42	老母
9	내년	26	올 래	43	山林
10	등교	27	늙을 로	44	洞里
11	명물	28	수풀 림	45	③
12	내면	29	매양 매	46	①
13	매년	30	이름 명	47	날마다
14	시립	31	⑨	48	나라에서 세운 것
15	산림	32	⑦	49	⑤
16	이장	33	⑤	50	①
17	노인	34	③		

▶ 다음 본문을 읽고, 필순에 맞게 한자를 쓰세요.

필순 : ノ 人 ム ム 슦 命 命 命

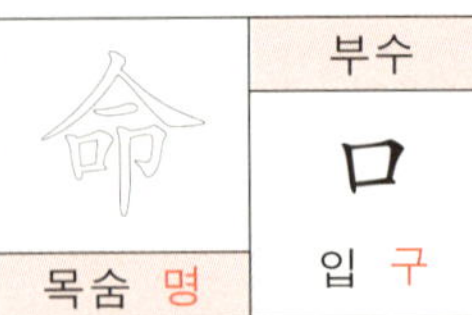

하늘 천에 **목숨 명**은 天命이고요
사람의 목숨 生命입니다.

필순 : ` ㅗ 文 文

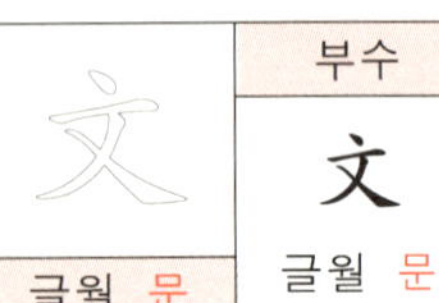

글월 문에 **배울 학**은 文學이고요
글을 쓰는 사람 文人입니다.

필순 : 門 門 門 門 門 門 門 門 門 問 問 問

물을 문에 **편안 안**은 問安이고요
어떤 분야를 체계적으로 배워서 익힘 學問입니다.

필순 : ` ㅗ ㅗ 牛 牛 牞 物 物 物

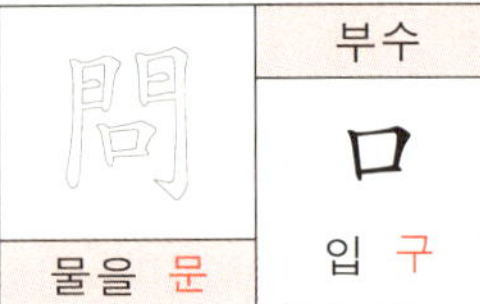

날 생에 **물건 물**은 生物이고요
문화의 산물 文物입니다.

필순 : ` ㅗ 方 方

넉 사에 **모 방**은 四方이고요
동쪽의 방향 東方입니다.

▶ 한자의 훈 음을 쓰고, 필순에 맞게 한자를 따라 쓰세요.

命	부수 口	命	命	命		
목숨 명					목숨 명	목숨 명
文	부수 文	文	文	文		
글월 문					글월 문	글월 문
問	부수 口	問	問	問		
물을 문					물을 문	물을 문
物	부수 牛	物	物	物		
물건 물					물건 물	물건 물
方	부수 方	方	方	方		
모 방					모 방	모 방

▶ 다음 한자어의 독음을 쓰고, 낱말의 뜻을 쓰세요.

(1) 生命 (   ) :

(2) 文人 (   ) :

(3) 學問 (   ) :

(4) 文物 (   ) :

(5) 東方 (   ) :

▶ 다음 본문을 읽고, 필순에 맞게 한자를 쓰세요.

필순 : 

百	부수
일백 백	白 흰 백

일백 백에 **성 성**은 百姓(백성)이고요
만의 백 곱절 百萬(백만)입니다.

필순 : 

夫	부수
지아비 부	大 큰 대

사람 인에 **지아비 부**는 人夫(인부)이고요
농사를 짓는 사람 農夫(농부)입니다.

필순 : 

不	부수
아닐 불	一 한 일

아닐 불에 **편안 안**은 不安(불안)이고요
움직이지 아니함 不動(부동)입니다.

필순 : 

事	부수
일 사	亅 갈고리 궐

사람 인에 **일 사**는 人事(인사)이고요
신문 등에서 어떤 사실을 알리는 글 記事(기사)입니다.

필순 : 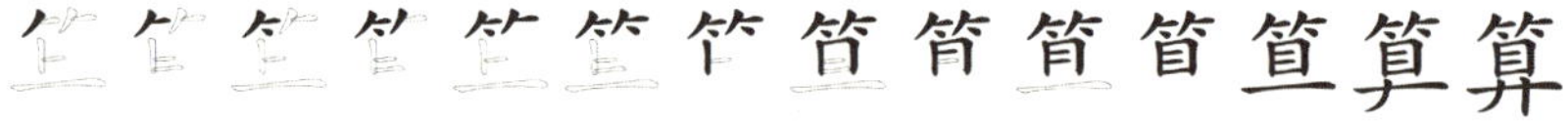

算	부수
셈 산	竹 대 죽

셈 산에 **날 출** 算出(산출)이고요
기초적인 셈법 算數(산수)입니다.

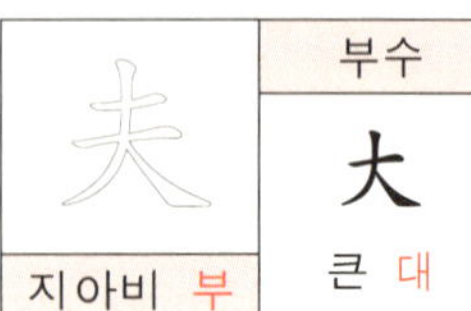

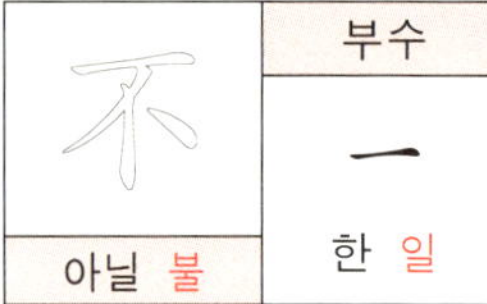

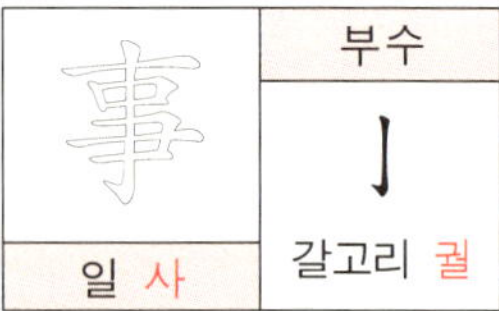

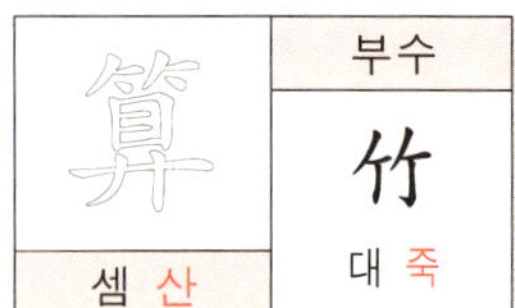

▶ 한자의 훈 음을 쓰고, 필순에 맞게 한자를 따라 쓰세요.

百	부수	百	百	百		
일백 백					일백 백	일백 백
夫	부수	夫	夫	夫		
지아비 부					지아비 부	지아비 부
不	부수 一	不	不	不		
아닐 불					아닐 불	아닐 불
事	부수	事	事	事		
일 사					일 사	일 사
算	부수 竹	算	算	算		
셈 산					셈 산	셈 산

▶ 다음 한자어의 독음을 쓰고, 낱말의 뜻을 쓰세요.

(1) 百萬 (   ) :

(2) 農夫 (   ) :

(3) 不動 (   ) :

(4) 記事 (   ) :

(5) 算數 (   ) :

※ 오늘 배운 글자를 선생님께 「읽기점검」 한다 ⇨ 90자

東	西	南	北	學
校	萬	軍	韓	國
家	歌	間	江	車
工	空	口	記	氣
旗	男	內	農	答
道	冬	同	洞	動
登	來	力	老	里
林	立	每	面	名
命	文	問	物	方
百	夫	不	事	算

동녘 동	서녘 서	남녘 남	북녘 북	배울 학
학교 교	일만 만	군사 군	나라 한	나라 국
집 가	노래 가	사이 간	강 강	수레 차 / 거
장인 공	빌 공	입 구	기록할 기	기운 기
기 기	사내 남	안 내	농사 농	대답 답
길 도	겨울 동	한가지 동	골 동	움직일 동
오를 등	올 래	힘 력	늙을 로	마을 리
수풀 림	설 립	매양 매	낮 면	이름 명
목숨 명	글월 문	물을 문	물건 물	모 방
일백 백	지아비 부	아닐 불	일 사	셈 산

▶ 다음 한자어의 독음을 쓰고, 한자어를 따라 쓰세요.

算	數	記	事	不	動	農	夫
百	萬	東	方	文	物	學	問
文	人	生	命	算	出	人	事
不	安	人	夫	百	姓	四	方
生	物	問	安	文	學	天	命

▶ 다음 독음에 맞는 한자어를 쓰세요.

산	수	기	사	부	동	농	부
백	만	동	방	문	물	학	문
문	인	생	명	산	출	인	사
불	안	인	부	백	성	사	방
생	물	문	안	문	학	천	명

❶ 다음 漢字語한자어의 讀音독음을 쓰세요.

> <보기> 一月 → (일월)

1) 算數 (   )   2) 記事 (   )

3) 不動 (   )   4) 農夫 (   )

5) 百萬 (   )   6) 東方 (   )

7) 文物 (   )   8) 學問 (   )

9) 文人 (   )   10) 生命 (   )

11) 算出 (   )   12) 人事 (   )

13) 不安 (   )   14) 人夫 (   )

15) 百姓 (   )   16) 四方 (   )

17) 生物 (   )   18) 問安 (   )

19) 文學 (   )   20) 天命 (   )

② 다음 漢字한자의 訓(훈:뜻)과 音(음:소리)을 쓰세요.

<보기>　十 → (열　십)

21) 命 (　　　)　　22) 問 (　　　)

23) 方 (　　　)　　24) 夫 (　　　)

25) 事 (　　　)　　26) 文 (　　　)

27) 物 (　　　)　　28) 百 (　　　)

29) 不 (　　　)　　30) 算 (　　　)

③ 다음 訓(훈:뜻)과 音(음:소리)에 맞는 漢字한자를 <보기>에서 찾아 그 번호를 쓰세요.

<보기>

① 算　　② 百　　③ 事　　④ 夫　　⑤ 命

⑥ 不　　⑦ 物　　⑧ 文　　⑨ 方　　⑩ 問

31) 물을 문 (　　　)　　32) 지아비 부 (　　　)

33) 글월 문 (　　　)　　34) 일백 백 (　　　)

35) 셈 산 (　　　)　　36) 목숨 명 (　　　)

37) 모 방 (　　　)　　38) 일 사 (　　　)

39) 물건 물 (　　　)　　40) 아닐 불 (　　　)

❹ 다음 밑줄 친 漢字語한자어를 <보기>에서 골라 쓰세요.

<table>
<tr><td colspan="4" align="center"><보기></td></tr>
<tr><td>① 生命</td><td>② 學問</td><td>③ 文人</td><td>④ 百萬</td></tr>
</table>

41) <u>문인</u>은 글을 쓰는 사람이다. ………… (　　　)

42) 사람의 <u>생명</u>은 소중하다. ……………… (　　　)

43) <u>백만</u> 군사를 거느리다. ………………… (　　　)

44) <u>학문</u>이 높은 분. ……………………………… (　　　)

❺ 다음 漢字한자와 상대, 또는 반대되는 漢字한자를 <보기>에서 골라 그 번호를 쓰세요.

<table>
<tr><td colspan="4" align="center"><보기></td></tr>
<tr><td>① 敎</td><td>② 弟</td><td>③ 火</td><td>④ 月</td></tr>
</table>

45) 日 (　　　)　　　　　46) 兄 (　　　)

❻ 다음 漢字語한자어의 뜻을 쓰세요.

47) 不動 :

48) 農夫 :

7 다음 漢字의 ㉠획은 몇 번째 쓰는지 <보기>에서 찾아 그 번호를 쓰세요.

<보기>

① 첫 번째　　② 두 번째　　③ 세 번째

④ 네 번째　　⑤ 다섯 번째　　⑥ 여섯 번째

⑦ 일곱 번째　　⑧ 여덟 번째　　⑨ 아홉 번째

⑩ 열 번째　　⑪ 열한 번째　　⑫ 열두 번째

49) 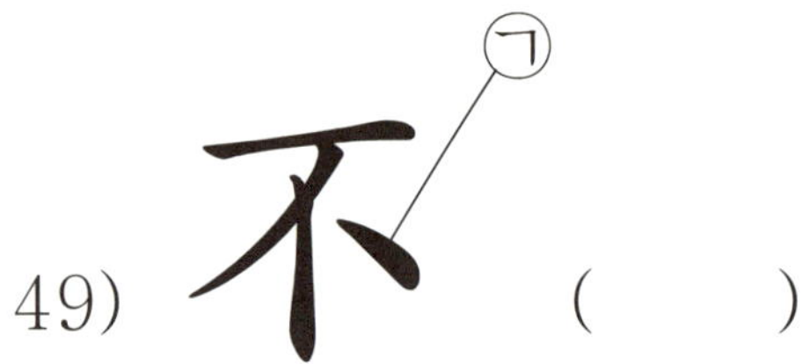 (　　)

50) 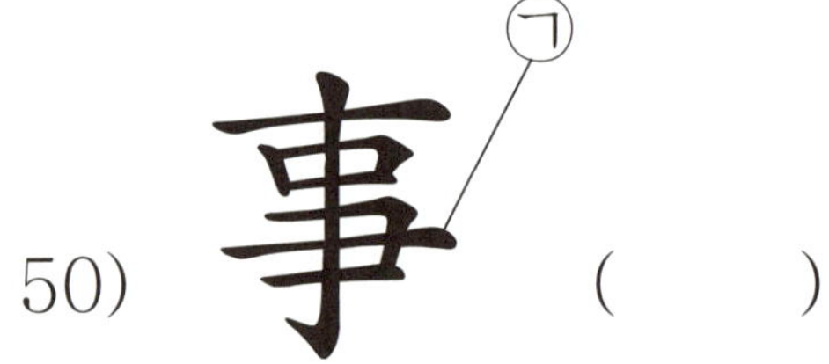 (　　)

7급(4) 예상문제 정답

1	산수	18	문안	35	①
2	기사	19	문학	36	⑤
3	부동	20	천명	37	⑨
4	농부	21	목숨 명	38	③
5	백만	22	물을 문	39	⑦
6	동방	23	모 방	40	⑥
7	문물	24	지아비 부	41	文人
8	학문	25	일 사	42	生命
9	문인	26	글월 문	43	百萬
10	생명	27	물건 물	44	學問
11	산출	28	일백 백	45	④
12	인사	29	아닐 불	46	②
13	불안	30	셈 산	47	움직이지 아니함
14	인부	31	⑩	48	농사를 짓는 사람
15	백성	32	④	49	④
16	사방	33	⑧	50	⑥
17	생물	34	②		

▶ 다음 본문을 읽고, 필순에 맞게 한자를 쓰세요.

필순 : 丨 丨 上

上	부수 一
윗 상	한 일

따 지에 윗 상은 地上이고요
지상
자기보다 나이가 많음 年上입니다.
연상

필순 : 色 色 色 色 色 色

色	부수 色
빛 색	빛 색

흰 백에 빛 색은 白色이고요
백색
푸른 빛깔 靑色입니다.
청색

필순 : 夕 夕 夕

夕	부수 夕
저녁 석	저녁 석

가을 추에 저녁 석은 秋夕이고요
추석
음력 7월 7일 밤 七夕입니다.
칠석

필순 : 女 女 女 女 女 姓 姓 姓

姓	부수 女
성 성	계집 녀

성 성에 이름 명은 姓名이고요
성명
성씨가 같음 同姓입니다.
동성

필순 : 一 十 廿 世 世

世	부수 一
인간 세	한 일

인간 세에 사람 인 世人이고요
세인
사람이 사는 사회 世上입니다.
세상

上	부수	一	上	上	上		
윗 상						윗 상	윗 상
色	부수	色	色	色	色		
빛 색						빛 색	빛 색
夕	부수	夕	夕	夕	夕		
저녁 석						저녁 석	저녁 석
姓	부수	女	姓	姓	姓		
성 성						성 성	성 성
世	부수	一	世	世	世		
인간 세						인간 세	인간 세

▶ 다음 한자어의 독음을 쓰고, 낱말의 뜻을 쓰세요.

(1) 年上 (　　　　):

(2) 靑色 (　　　　):

(3) 七夕 (　　　　):

(4) 同姓 (　　　　):

(5) 世上 (　　　　):

※ 오늘 배운 글자를 선생님께 「읽기점검」 한다 ⇨ 95자

▶ 다음 본문을 읽고, 필순에 맞게 한자를 쓰세요.

필순 : 小 小 小 少

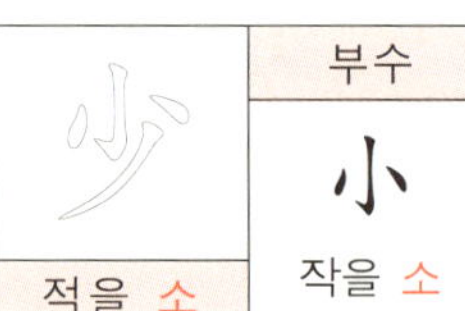

	부수
적을 소	小 작을 소

적을 소에 **해 년**은 少年이고요
_{소년}
여자 아이 少女입니다.
_{소녀}

필순 : 所 所 所 所 所 所 所 所

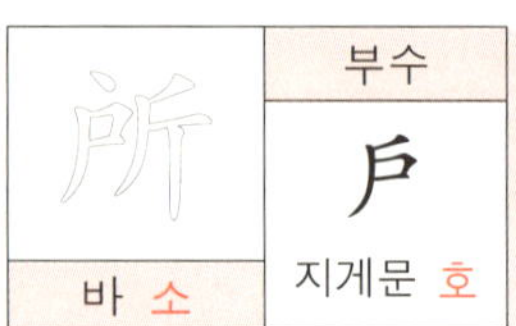

	부수
바 소	戶 지게문 호

들 입에 **바 소**는 入所이고요
_{입소}
경치 등으로 이름난 곳 名所입니다.
_{명소}

필순 : 手 手 手 手

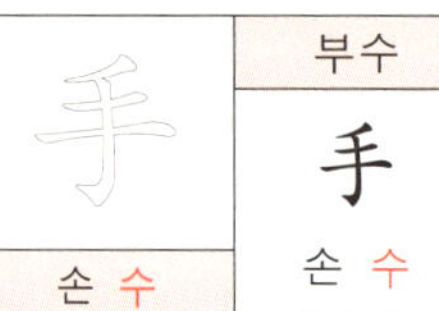

	부수
손 수	手 손 수

손 수에 **장인 공** 手工이고요
_{수공}
자기의 체험을 적은 글 手記입니다.
_{수기}

필순 : 數 數 數 數 數 數 數 數 數 數 數 數 數 數 數

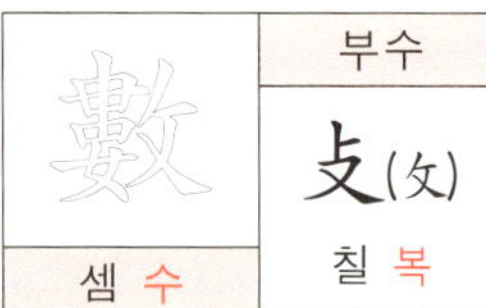

	부수
셈 수	攴(攵) 칠 복

셈 수에 **배울 학** 數學이고요
_{수학}
두 서너 해 數年입니다.
_{수년}

필순 : 市 市 市 市 市

	부수
저자 시	巾 수건 건

저자 시에 **마당 장**은 市場이고요
_{시장}
시의 행정을 맡은 우두머리 市長입니다.
_{시장}

▶ 한자의 훈 음을 쓰고, 필순에 맞게 한자를 따라 쓰세요.

少	부수	少	少	少		
적을 소					적을 소	적을 소
所	부수	戶	所	所		
바 소					바 소	바 소
手	부수	手	手	手		
손 수					손 수	손 수
數	부수	數	數	數		
셈 수					셈 수	셈 수
市	부수	市	市	市		
저자 시					저자 시	저자 시

▶ 다음 한자어의 독음을 쓰고, 낱말의 뜻을 쓰세요.

(1) 少女 (   ) :

(2) 名所 (   ) :

(3) 手記 (   ) :

(4) 數年 (   ) :

(5) 市長 (   ) :

※ 오늘 배운 글자를 선생님께 「읽기점검」 한다 ⇨ 100자

家	歌	間	江	車
工	空	口	記	氣
旗	男	內	農	答
道	冬	同	洞	動
登	來	力	老	里
林	立	每	面	名
命	文	問	物	方
百	夫	不	事	算
上	色	夕	姓	世
少	所	手	數	市

▶ 다음 한자의 훈과 음에 맞는 한자를 쓰세요.

집 가	노래 가	사이 간	강 강	수레 차/거
장인 공	빌 공	입 구	기록할 기	기운 기
기 기	사내 남	안 내	농사 농	대답 답
길 도	겨울 동	한가지 동	골 동	움직일 동
오를 등	올 래	힘 력	늙을 로	마을 리
수풀 림	설 립	매양 매	낮 면	이름 명
목숨 명	글월 문	물을 문	물건 물	모 방
일백 백	지아비 부	아닐 불	일 사	셈 산
윗 상	빛 색	저녁 석	성 성	인간 세
적을 소	바 소	손 수	셈 수	저자 시

▶ 다음 한자어의 독음을 쓰고, 한자어를 따라 쓰세요.

市	長	數	年	手	記	名	所
少	女	世	上	同	姓	七	夕
靑	色	年	上	市	場	數	學
手	工	入	所	少	年	世	人
姓	名	秋	夕	白	色	地	上

▶ 다음 독음에 맞는 한자어를 쓰세요.

시	장	수	년	수	기	명	소
소	녀	세	상	동	성	칠	석
청	색	연	상	시	장	수	학
수	공	입	소	소	년	세	인
성	명	추	석	백	색	지	상

❶ 다음 漢字語한자어의 讀音독음을 쓰세요.

> <보기>　一月 → (일월)

1) 市長 (　　　)　　2) 數年 (　　　)

3) 手記 (　　　)　　4) 名所 (　　　)

5) 少女 (　　　)　　6) 世上 (　　　)

7) 同姓 (　　　)　　8) 七夕 (　　　)

9) 靑色 (　　　)　　10) 年上 (　　　)

11) 市場 (　　　)　　12) 數學 (　　　)

13) 手工 (　　　)　　14) 入所 (　　　)

15) 少年 (　　　)　　16) 世人 (　　　)

17) 姓名 (　　　)　　18) 秋夕 (　　　)

19) 白色 (　　　)　　20) 地上 (　　　)

❷ 다음 漢字_{한자}의 訓(훈:뜻)과 音(음:소리)을 쓰세요.

<보기>　十 → (열　십)

21) 上 (　　　)　　　22) 夕 (　　　)

23) 世 (　　　)　　　24) 所 (　　　)

25) 數 (　　　)　　　26) 色 (　　　)

27) 姓 (　　　)　　　28) 少 (　　　)

29) 手 (　　　)　　　30) 市 (　　　)

❸ 다음 訓(훈:뜻)과 音(음:소리)에 맞는 漢字_{한자}를 <보기>에서 찾아 그 번호를 쓰세요.

<보기>

① 上　② 世　③ 數　④ 姓　⑤ 手
⑥ 夕　⑦ 所　⑧ 色　⑨ 少　⑩ 市

31) 저녁 석 (　　　)　　　32) 인간 세 (　　　)

33) 윗　상 (　　　)　　　34) 바　소 (　　　)

35) 빛　색 (　　　)　　　36) 성　성 (　　　)

37) 셈　수 (　　　)　　　38) 적을 소 (　　　)

39) 저자 시 (　　　)　　　40) 손　수 (　　　)

④ 다음 밑줄 친 漢字語한자어를 <보기>에서 골라 쓰세요.

<보기>
① 同姓   ② 姓名   ③ 秋夕   ④ 七夕

41) 성과 이름을 성명이라 한다. ………… (   )

42) 칠석은 음력 7월 7일 밤이다. ……… (   )

43) 추석은 음력 8월 15일 밤이다. …… (   )

44) 동성은 성씨가 같은 성이다. ……… (   )

⑤ 다음 漢字한자와 상대, 또는 반대되는 漢字한자를
<보기>에서 골라 그 번호를 쓰세요.

<보기>
① 敎   ② 女   ③ 外   ④ 月

45) 內 (   )   46) 男 (   )

⑥ 다음 漢字語한자어의 뜻을 쓰세요.

47) 手記 :

48) 名所 :

7 다음 漢字의 ㉠획은 몇 번째 쓰는지 <보기>에서 찾아 그 번호를 쓰세요.

<보기>

① 첫 번째　　② 두 번째　　③ 세 번째
④ 네 번째　　⑤ 다섯 번째　　⑥ 여섯 번째
⑦ 일곱 번째　　⑧ 여덟 번째　　⑨ 아홉 번째
⑩ 열 번째　　⑪ 열한 번째　　⑫ 열두 번째

49) 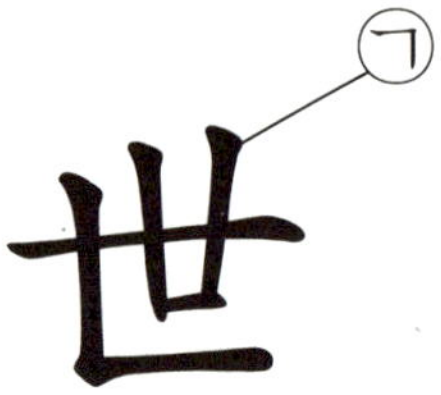 世　㉠　（　　）

50) 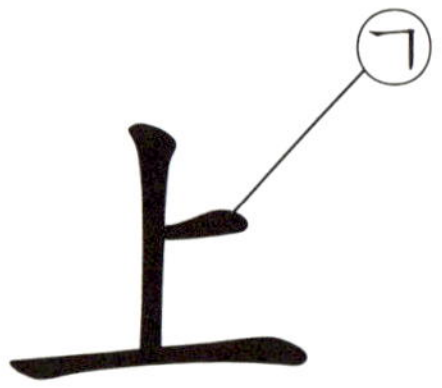 上　㉠　（　　）

7급(5) 예상문제 정답

1	시장	18	추석	35	⑧
2	수년	19	백색	36	④
3	수기	20	지상	37	③
4	명소	21	윗 상	38	⑨
5	소녀	22	저녁 석	39	⑩
6	세상	23	인간 세	40	⑤
7	동성	24	바 소	41	姓名
8	칠석	25	셈 수	42	七夕
9	청색	26	빛 색	43	秋夕
10	연상	27	성 성	44	同姓
11	시장	28	적을 소	45	③
12	수학	29	손 수	46	②
13	수공	30	저자 시	47	자기 체험을 적은 글
14	입소	31	⑥	48	경치 등으로 이름난 곳
15	소녀	32	②	49	③
16	세인	33	①	50	②
17	성명	34	⑦		

四字小學 (2)
사　자　소　학

| 晨
새벽 신 | 必
반드시 필 | 先
먼저 선 | 起
일어날 기 | 하야 | 새벽에 반드시 먼저 일어나 |
| 必
반드시 필 | 盥
씻을 관 | 必
반드시 필 | 漱
양치질할 수 | 하라 | 반드시 세수하고 반드시 양치질하라 |

| 昏
어두울 혼 | 定
정할 정 | 晨
새벽 신 | 省
살필 성 | 하고 | 저녁에는 잠자리를 펴드리고 새벽에는 문안을 살피며 |
| 冬
겨울 동 | 溫
따뜻할 온 | 夏
여름 하 | 淸
서늘할 청 | 하라 | 겨울에는 따뜻하게 여름에는 서늘하게 해드려라 |

| 父
아비 부 | 母
어미 모 | 呼
부를 호 | 我
나 아 | 어시든 | 부모님이 나를 부르시거든 |
| 唯
빨리대답 유 | 而
말이을 이 | 趨
달릴 추 | 進
나아갈 진 | 하라 | 빨리 대답하고 달려 나아가라 |

| 父
아비 부 | 母
어미 모 | 使
부릴 사 | 我
나 아 | 어시든 | 부모님이 나를 부리시거든 |
| 勿
말 물 | 逆
거스를 역 | 勿
말 물 | 怠
게으를 태 | 하라 | 거스르지 말고 게을리 하지 말라 |

| 父
아비 부 | 母
어미 모 | 有
있을 유 | 命
명할 명 | 이어든 | 부모님이 명하시거든 |
| 俯
숙일 부 | 首
머리 수 | 敬
공경 경 | 聽
들을 청 | 하라 | 머리를 숙이고 공경히 들어라 |

| 坐
앉을 좌 | 命
명할 명 | 坐
앉을 좌 | 聽
들을 청 | 하고 | 앉아서 명하시면 앉아서 듣고 |
| 立
설 립 | 命
명할 명 | 立
설 립 | 聽
들을 청 | 하라 | 서서 명하시면 서서 들어라 |

1 다음 漢字한자의 讀音(독음: 읽는 소리)을 쓰세요. (1~10)

<보기>　　　國 → 국

(1) 四 (　　)　　(2) 東 (　　)　　(3) 西 (　　)

(4) 南 (　　)　　(5) 北 (　　)　　(6) 敎 (　　)

(7) 室 (　　)　　(8) 先 (　　)　　(9) 生 (　　)

(10) 學 (　　)

2 다음 말에 해당하는 漢字한자를 <보기>에서 찾아 그 번호를 쓰세요. (11~20)

<보기>

① 靑　　② 山　　③ 月　　④ 木　　⑤ 水

⑥ 中　　⑦ 日　　⑧ 大　　⑨ 白　　⑩ 外

(11) 바깥　(　　)　　(12) 푸르다 (　　)　　(13) 희다　(　　)

(14) 산　　(　　)　　(15) 크다　(　　)　　(16) 나무　(　　)

(17) 물　　(　　)　　(18) 해　　(　　)　　(19) 달　　(　　)

(20) 가운데 (　　)

3 다음 말에 알맞은 漢字한자를 <보기>에서 찾아 그 번호를 쓰세요. (21~30)

<보기>

① 金　　② 年　　③ 火　　④ 六　　⑤ 母

⑥ 寸　　⑦ 一　　⑧ 軍　　⑨ 弟　　⑩ 土

(21) 아우　(　　)　　(22) 쇠　　(　　)　　(23) 해　　(　　)

(24) 여섯　(　　)　　(25) 군사　(　　)　　(26) 하나　(　　)

(27) 흙　　(　　)　　(28) 불　　(　　)　　(29) 어머니 (　　)

(30) 마디　(　　)

4 다음 漢字한자의 훈(訓: 뜻)과 음(音: 소리)을 쓰세요.(31~40)

<보기>　　國 → 나라 국

(31) 國 (　　　　) 　(32) 民 (　　　　) 　(33) 女 (　　　　)
(34) 王 (　　　　) 　(35) 小 (　　　　) 　(36) 二 (　　　　)
(37) 七 (　　　　) 　(38) 九 (　　　　) 　(39) 校 (　　　　)
(40) 五 (　　　　)

5 다음 漢字한자의 훈(訓: 뜻)이나 음(音: 소리)을 <보기>에서 찾아 그 번호를 쓰세요.(41~48)

<보기>
①삼　　②사람　　③형　　④여덟
⑤문　　⑥십　　⑦아버지　　⑧길다

(41) 門 (　　　　) 　(42) 十 (　　　　) 　(43) 三 (　　　　)
(44) 父 (　　　　) 　(45) 人 (　　　　) 　(46) 長 (　　　　)
(47) 兄 (　　　　) 　(48) 八 (　　　　)

6 다음 ㉠획은 몇 번째 쓰는지 아래에서 찾아 그 번호를 쓰세요.(49~50)

⑤ 다섯 번째　　⑥ 여섯 번째　　⑦ 일곱 번째　　⑧ 여덟 번째
⑨ 아홉 번째　　⑩ 열 번째　　⑪ 열한 번째　　⑫ 열두 번째

(49) 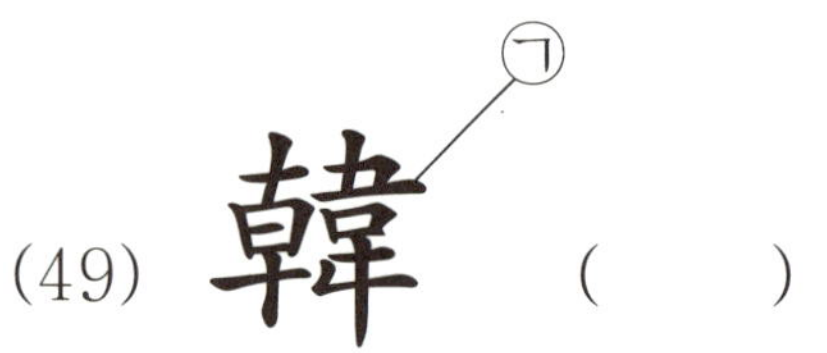 韓 (　　　　) 　(50)  萬 (　　　　)

1 다음 漢字한자의 讀音(독음: 읽는 소리)을 쓰세요. (1~16)

<보기>   國 → 국

(1) 大 (　　　)　　　(2) 門 (　　　)　　　(3) 二 (　　　)
(4) 南 (　　　)　　　(5) 北 (　　　)　　　(6) 四 (　　　)
(7) 兄 (　　　)　　　(8) 中 (　　　)　　　(9) 學 (　　　)
(10) 校 (　　　)　　　(11) 先 (　　　)　　　(12) 生 (　　　)
(13) 敎 (　　　)　　　(14) 室 (　　　)　　　(15) 月 (　　　)
(16) 土 (　　　)

2 다음 말에 해당하는 漢字한자를 <보기>에서 찾아 그 번호를 쓰세요. (17~31)

<보기>

① 山　　② 西　　③ 弟　　④ 國　　⑤ 七　　⑥ 東
⑦ 一　　⑧ 三　　⑨ 靑　　⑩ 王　　⑪ 外　　⑫ 萬
⑬ 母　　⑭ 日　　⑮ 九　　⑯ 軍

(17) 아홉 (　　　)　　　(18) 어미 (　　　)　　　(19) 산 　(　　　)
(20) 서쪽 (　　　)　　　(21) 임금 (　　　)　　　(22) 나라 (　　　)
(23) 밖 　(　　　)　　　(24) 아우 (　　　)　　　(25) 만 　(　　　)
(26) 군사 (　　　)　　　(27) 푸른 (　　　)　　　(28) 해 　(　　　)
(29) 일곱 (　　　)　　　(30) 하나 (　　　)　　　(31) 동녘 (　　　)

3 다음 말에 알맞은 漢字한자를 <보기>에서 찾아 그 번호를 쓰세요. (32~40)

<보기>

① 木　　② 小　　③ 父　　④ 白　　⑤ 十
⑥ 女　　⑦ 長　　⑧ 民　　⑨ 六

(32) 여섯 (　　　)　　(33) 길다 (　　　)　　(34) 나무　(　　　)

(35) 작다 (　　　)　　(36) 백성 (　　　)　　(37) 아버지 (　　　)

(38) 여자 (　　　)　　(39) 열　(　　　)　　(40) 희다　(　　　)

4 다음 漢字한자의 훈(訓: 뜻)과 음(音: 소리)을 쓰세요.(31~40)

<보기>　　　　　　國 → 나라 국

(41) 人 (　　　)　　(42) 韓 (　　　)　　(43) 年 (　　　)

(44) 金 (　　　)　　(45) 火 (　　　)　　(46) 水 (　　　)

(47) 寸 (　　　)　　(48) 八 (　　　)

5 다음 ㉠획은 몇 번째 쓰는지 아래에서 찾아 그 번호를 쓰세요.(49~50)

① 첫 번째　　② 두 번째　　③ 세 번째　　④ 네 번째

⑤ 다섯 번째　　⑥ 여섯 번째　　⑦ 일곱 번째　　⑧ 여덟 번째

(49) 國 (　　　)　　　　　　(50) 室 (　　　)

1 다음 漢字한자의 讀音(독음: 읽는 소리)을 쓰세요. (1~10)

<보기>	國 → 국

(1) 三 (　　　)　　(2) 九 (　　　)　　(3) 十 (　　　)

(4) 年 (　　　)　　(5) 外 (　　　)　　(6) 大 (　　　)

(7) 韓 (　　　)　　(8) 萬 (　　　)　　(9) 國 (　　　)

(10) 日 (　　　)

2 다음 말에 해당하는 漢字한자를 <보기>에서 찾아 그 번호를 쓰세요. (11~20)

<보기>
① 西　　② 火　　③ 月　　④ 木　　⑤ 水
⑥ 長　　⑦ 東　　⑧ 土　　⑨ 白　　⑩ 先

(11) 어른 (　　　)　　(12) 먼저 (　　　)　　(13) 서쪽 (　　　)

(14) 불 (　　　)　　(15) 달 (　　　)　　(16) 동쪽 (　　　)

(17) 하얀 (　　　)　　(18) 물 (　　　)　　(19) 나무 (　　　)

(20) 흙 (　　　)

3 다음 말에 알맞은 漢字한자를 <보기>에서 찾아 그 번호를 쓰세요. (21~30)

<보기>
① 靑　　② 學　　③ 王　　④ 五　　⑤ 敎
⑥ 寸　　⑦ 一　　⑧ 軍　　⑨ 中　　⑩ 女

(21) 마디 (　　　)　　(22) 여자 (　　　)　　(23) 임금 (　　　)

(24) 다섯 (　　　)　　(25) 군사 (　　　)　　(26) 하나 (　　　)

(27) 가운데 (　　　)　　(28) 배우다 (　　　)　　(29) 푸르다 (　　　)

(30) 가르치다 (　　　)

4 다음 漢字한자의 훈(訓: 뜻)과 음(音: 소리)을 쓰세요.(31~40)

<보기>   國 → 나라 국

(31) 金 (   )   (32) 民 (   )   (33) 二 (   )
(34) 校 (   )   (35) 生 (   )   (36) 兄 (   )
(37) 七 (   )   (38) 八 (   )   (39) 人 (   )
(40) 北 (   )

5 다음 漢字한자의 훈(訓: 뜻)이나 음(音: 소리)을 <보기>에서 찾아 그 번호를 쓰세요.(41~48)

<보기>

① 모   ② 작다   ③ 제   ④ 여섯
⑤ 사   ⑥ 남   ⑦ 아버지   ⑧ 산

(41) 南 (   )   (42) 六 (   )   (43) 母 (   )
(44) 父 (   )   (45) 四 (   )   (46) 山 (   )
(47) 小 (   )   (48) 弟 (   )

6 다음 ㉠획은 몇 번째 쓰는지 아래에서 찾아 그 번호를 쓰세요.(49~50)

⑤ 다섯 번째   ⑥ 여섯 번째   ⑦ 일곱 번째   ⑧ 여덟 번째
⑨ 아홉 번째   ⑩ 열 번째   ⑪ 열한 번째   ⑫ 열두 번째

(49) 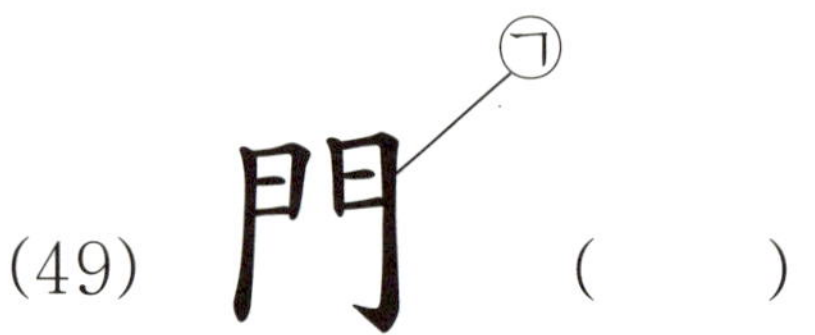 (   )   (50) 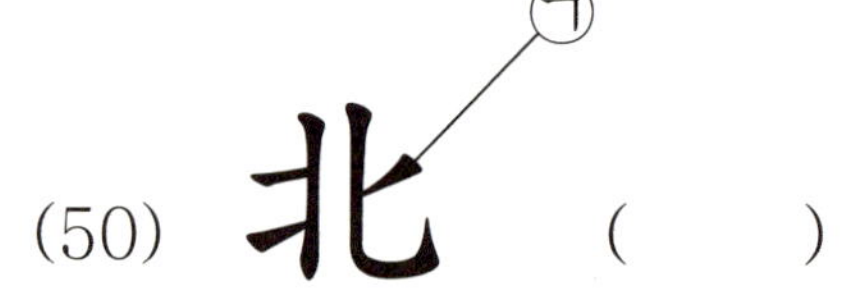 (   )

1 다음 漢字한자의 讀音(독음: 읽는 소리)을 쓰세요. (1~16)

<보기>   國 → 국

(1) 山 (   )   (2) 東 (   )   (3) 學 (   )
(4) 校 (   )   (5) 中 (   )   (6) 二 (   )
(7) 年 (   )   (8) 三 (   )   (9) 敎 (   )
(10) 室 (   )   (11) 南 (   )   (12) 門 (   )
(13) 北 (   )   (14) 女 (   )   (15) 先 (   )
(16) 生 (   )

2 다음 말에 해당하는 漢字한자를 <보기>에서 찾아 그 번호를 쓰세요. (17~31)

<보기>

① 長   ② 西   ③ 兄   ④ 國   ⑤ 七   ⑥ 小
⑦ 金   ⑧ 月   ⑨ 水   ⑩ 王   ⑪ 土   ⑫ 民
⑬ 大   ⑭ 父   ⑮ 木   ⑯ 四

(17) 월   (   )   (18) 토   (   )   (19) 수   (   )
(20) 형   (   )   (21) 임금 (   )   (22) 나무 (   )
(23) 넷   (   )   (24) 금   (   )   (25) 큰   (   )
(26) 나라 (   )   (27) 백성 (   )   (28) 길다 (   )
(29) 서쪽 (   )   (30) 칠   (   )   (31) 작다 (   )

3 다음 말에 알맞은 漢字한자를 <보기>에서 찾아 그 번호를 쓰세요. (32~40)

<보기>

① 九   ② 萬   ③ 外   ④ 弟   ⑤ 火
⑥ 韓   ⑦ 人   ⑧ 寸   ⑨ 父

(32) 아버지 (　　) 　　(33) 불 　(　　) 　　(34) 아우 (　　)

(35) 일만 　(　　) 　　(36) 바깥 (　　) 　　(37) 사람 (　　)

(38) 한국 　(　　) 　　(39) 아홉 (　　) 　　(40) 마디 (　　)

4 다음 漢字한자의 훈(訓: 뜻)과 음(音: 소리)을 쓰세요.(41~48)

<보기>	國 → 나라 국

(41) 五 (　　) 　　(42) 軍 (　　) 　　(43) 十 (　　)

(44) 六 (　　) 　　(45) 靑 (　　) 　　(46) 母 (　　)

(47) 白 (　　) 　　(48) 八 (　　)

5 다음 ㈀획은 몇 번째 쓰는지 아래에서 찾아 그 번호를 쓰세요.(49~50)

① 첫 번째　　② 두 번째　　③ 세 번째　　④ 네 번째

⑤ 다섯 번째　　⑥ 여섯 번째　　⑦ 일곱 번째　　⑧ 여덟 번째

(49) 四 　(　　) 　　(50) 弟 　(　　)

1 다음 漢字한자의 讀音(독음: 읽는 소리)을 쓰세요. (1~10)

<보기>   國 → 국

(1) 三 ( )   (2) 寸 ( )   (3) 兄 ( )
(4) 日 ( )   (5) 金 ( )   (6) 七 ( )
(7) 大 ( )   (8) 韓 ( )   (9) 民 ( )
(10) 國 ( )

2 다음 말에 해당하는 漢字한자를 <보기>에서 찾아 그 번호를 쓰세요. (11~20)

<보기>
① 校   ② 火   ③ 東   ④ 女   ⑤ 九
⑥ 父   ⑦ 西   ⑧ 水   ⑨ 室   ⑩ 一

(11) 아홉 ( )   (12) 하나 ( )   (13) 동쪽 ( )
(14) 서쪽 ( )   (15) 학교 ( )   (16) 여자 ( )
(17) 집 ( )   (18) 불 ( )   (19) 아버지 ( )
(20) 물 ( )

3 다음 말에 알맞은 漢字한자를 <보기>에서 찾아 그 번호를 쓰세요. (21~30)

<보기>
① 教   ② 門   ③ 先   ④ 六   ⑤ 外
⑥ 中   ⑦ 土   ⑧ 八   ⑨ 長   ⑩ 母

(21) 바깥 ( )   (22) 여덟 ( )   (23) 어머니 ( )
(24) 먼저 ( )   (25) 가르침 ( )   (26) 길다 ( )
(27) 문 ( )   (28) 가운데 ( )   (29) 흙 ( )
(30) 여섯 ( )

4 다음 漢字한자의 훈(訓: 뜻)과 음(音: 소리)을 쓰세요.(31~40)

<보기>　　　　國 → 나라 국

(31) 五 (　　　)　　(32) 弟 (　　　)　　(33) 年 (　　　)

(34) 王 (　　　)　　(35) 山 (　　　)　　(36) 二 (　　　)

(37) 萬 (　　　)　　(38) 學 (　　　)　　(39) 生 (　　　)

(40) 月 (　　　)

5 다음 漢字한자의 훈(訓: 뜻)이나 음(音: 소리)을 <보기>에서 찾아 그 번호를 쓰세요.(41~48)

<보기>

① 나무　　② 작다　　③ 북　　④ 푸르다
⑤ 인　　⑥ 희다　　⑦ 남녘　　⑧ 군

(41) 南 (　　　)　　(42) 木 (　　　)　　(43) 靑 (　　　)

(44) 軍 (　　　)　　(45) 小 (　　　)　　(46) 北 (　　　)

(47) 人 (　　　)　　(48) 白 (　　　)

6 다음 ㉠획은 몇 번째 쓰는지 아래에서 찾아 그 번호를 쓰세요.(49~50)

⑤ 다섯 번째　　⑥ 여섯 번째　　⑦ 일곱 번째　　⑧ 여덟 번째
⑨ 아홉 번째　　⑩ 열 번째　　⑪ 열한 번째　　⑫ 열두 번째

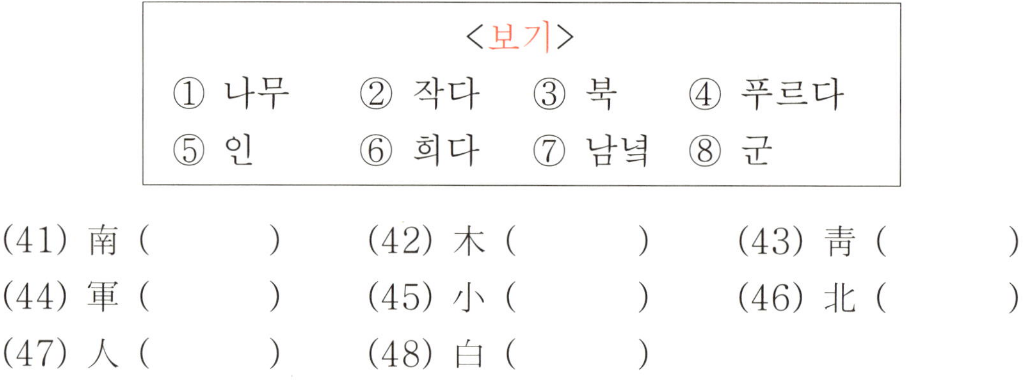

(49) 學 (　　　)　　　　(50) 教 (　　　)

8급(1) 기출·예상문제 정답

1	사	18	⑦ 日	35	작을 소
2	동	19	③ 月	36	두 이
3	서	20	⑥ 中	37	일곱 칠
4	남	21	⑨ 弟	38	아홉 구
5	북	22	① 金	39	학교 교
6	교	23	② 年	40	다섯 오
7	실	24	④ 六	41	⑤ 문
8	선	25	⑧ 軍	42	⑥ 십
9	생	26	⑦ 一	43	① 삼
10	학	27	⑩ 土	44	⑦ 아버지
11	⑩ 外	28	③ 火	45	② 사람
12	① 靑	29	⑤ 母	46	⑧ 길다
13	⑨ 白	30	⑥ 寸	47	③ 형
14	② 山	31	나라 국	48	④ 여덟
15	⑧ 大	32	백성 민	49	⑪
16	④ 木	33	계집 녀	50	⑩
17	⑤ 水	34	임금 왕		

8급(2) 기출·예상문제 정답

1	대	18	⑬ 母	35	② 小
2	문	19	① 山	36	⑧ 民
3	이	20	② 西	37	③ 父
4	남	21	⑩ 王	38	⑥ 女
5	북	22	④ 國	39	⑤ 十
6	사	23	⑪ 外	40	④ 白
7	형	24	③ 弟	41	사람 인
8	중	25	⑫ 萬	42	나라 한
9	학	26	⑯ 軍	43	해 년
10	교	27	⑨ 靑	44	쇠 금(성 김)
11	선	28	⑭ 日	45	불 화
12	생	29	⑤ 七	46	물 수
13	교	30	⑦ 一	47	마디 촌
14	실	31	⑥ 東	48	여덟 팔
15	월	32	⑨ 六	49	⑧
16	토	33	⑦ 長	50	⑥
17	⑮九	34	① 木		

8급(3) 기출·예상문제 정답

1	삼	18	⑤ 水	35	날 생
2	구	19	④ 木	36	형 형
3	십	20	⑧ 土	37	일곱 칠
4	년	21	⑥ 寸	38	여덟 팔
5	외	22	⑩ 女	39	사람 인
6	대	23	③ 王	40	북녘 북
7	한	24	④ 五	41	⑥ 남
8	만	25	⑧ 軍	42	④ 여섯
9	국	26	⑦ 一	43	① 모
10	일	27	⑨ 中	44	⑦ 아버지
11	⑥ 長	28	② 學	45	⑤ 사
12	⑩ 先	29	① 靑	46	⑧ 산
13	① 西	30	⑤ 敎	47	② 작다
14	② 火	31	쇠 금	48	③ 제
15	③ 月	32	백성 민	49	⑥
16	⑦ 東	33	두 이	50	④
17	⑨ 白	34	학교 교		

8급(4) 기출·예상문제 정답

1	산	18	⑪ 土	35	② 萬
2	동	19	⑨ 水	36	③ 外
3	학	20	③ 兄	37	⑦ 人
4	교	21	⑩ 王	38	⑥ 韓
5	중	22	⑮ 木	39	① 九
6	이	23	⑯ 四	40	⑧ 寸
7	년	24	⑦ 金	41	다섯 오
8	삼	25	⑬ 大	42	군사 군
9	교	26	④ 國	43	열 십
10	실	27	⑫ 民	44	여섯 륙
11	남	28	① 長	45	푸를 청
12	문	29	② 西	46	어미 모
13	북	30	⑤ 七	47	흰 백
14	녀 / 여	31	⑥ 小	48	여덟 팔
15	선	32	⑨ 父	49	④
16	생	33	⑤ 火	50	⑤
17	⑧ 月	34	④ 弟		

8급(5) 기출·예상문제 정답

1	삼	18	② 火	35	메 산
2	촌	19	⑥ 父	36	두 이
3	형	20	⑧ 水	37	일만 만
4	일	21	⑤ 外	38	배울 학
5	금	22	⑧ 八	39	날 생
6	칠	23	⑩ 母	40	달 월
7	대	24	③ 先	41	⑦ 남녘
8	한	25	① 敎	42	① 나무
9	민	26	⑨ 長	43	④ 푸르다
10	국	27	② 門	44	⑧ 군
11	⑤ 九	28	⑥ 中	45	② 작다
12	⑩ 一	29	⑦ 土	46	③ 북
13	③ 東	30	④ 六	47	⑤ 인
14	⑦ 西	31	다섯 오	48	⑥ 희다
15	① 校	32	아우 제	49	⑨
16	④ 女	33	해 년	50	⑨
17	⑨ 室	34	임금 왕		

부수자(部首字: 214자) 일람표(一覽表)

1획

一 한 일
丨 뚫을 곤
丶 점 주
丿 삐칠 별
乙 새 을
亅 갈고리 궐

2획

二 두 이
亠 머리부분 두
人亻 사람 인
儿 어진사람 인
入 들 입
八 나눌 팔
冂 멀 경
冖 덮을 멱
冫 얼음 빙
几 걸상 궤
凵 입벌릴 감
刀 칼 도
力 힘 력
勹 감쌀 포
匕 숟가락 비
匚 상자 방
匸 감출 혜
十 열 십
卜 점 복
卩㔾 병부절
厂 언덕 한
厶 사사 사
又 손 우

3획

口 입 구
囗 에워쌀 위
土 흙 토
士 선비 사
夂 뒤져올 치
夊 천천히 걸을 쇠
夕 저녁 석
大 큰 대
女 계집 녀
子 아들 자
宀 집 면
寸 마디 촌
小 작을 소
尢 절름발이 왕
尸 누울 시

艸 싹날 철
山 메 산
巛 내 천
工 장인 공
己 몸 기
巾 수건 건
干 방패 간
幺 작을 요
广 집 엄
廴 연이어 걸을 인
廾 두손 공
弋 주살 익
弓 활 궁
彐彑 돼지머리 계
彡 무늬 삼
彳 걸을 척

4획

心 마음 심
戈 창 과
戶 지게문 호
手扌 손 수
支 나눌 지
攴攵 칠 복
文 글월 문
斗 말 두
斤 도끼 근
方 모 방
无 없을 무
日 해 일
曰 말할 왈
月 달 월
木 나무 목
欠 하품 흠
止 그칠 지
歹歺 남은뼈 알
殳 창 수
毋 말 무
比 견줄 비
毛 터럭 모
氏 뿌리 씨
气 기운 기
水氵氺 물 수
火灬 불 화
爪爫 손톱 조
父 아비 부
爻 점괘 효
爿 조각 장

片 조각 편
牙 어금니 아
牛牜 소 우
犬犭 개 견

5획

玄 검을 현
玉王 구슬 옥
瓜 외 과
瓦 기와 와
甘 달 감
生 날 생
用 쓸 용
田 밭 전
疋 발 소
疒 병들 녁
癶 걸을 발
白 흰 백
皮 가죽 피
皿 그릇 명
目 눈 목
矛 창 모
矢 화살 시
石 돌 석
示 보일 시
内 짐승발자국 유
禾 벼 화
穴 구멍 혈
立 설 립

6획

竹 대 죽
米 쌀 미
糸 실 사
缶 장군 부
网罒罓罓 그물 망
羊 양 양
羽 날개 우
老耂 늙을 로
而 말이을 이
耒 쟁기 뢰
耳 귀 이
聿 붓 률
肉⺼ 고기 육
臣 신하 신
自 코 자
至 이를 지
臼 절구 구
舌 혀 설

舛 어그러질 천
舟 배 주
艮 괘이름 간
色 빛 색
艸⺿ 풀 초
虍 범무늬 호
虫 벌레 충
血 피 혈
行 다닐 행
衣衤 옷 의
襾 덮을 아

7획

見 볼 견
角 뿔 각
言 말씀 언
谷 골 곡
豆 콩 두
豕 돼지 시
豸 사나운짐승 치
貝 조개 패
赤 붉을 적
走 달릴 주
足 발 족
身 몸 신
車 수레 거(차)
辛 매울 신
辰 별 진
辵辶 갈 착
邑⻏ 고을 읍
酉 술 유
釆 분별할 변
里 마을 리

8획

金 쇠 금
長 긴 장
門 문 문
阜⻖ 언덕 부
隶 미칠 체
隹 새 추
雨 비 우
靑 푸를 청
非 아닐 비

9획

面 낯 면
革 가죽 혁
韋 다룸가죽 위
韭 부추 구

音 소리 음
頁 머리 혈
風 바람 풍
飛 날 비
食 밥 식
首 머리 수
香 향기 향

10획

馬 말 마
骨 뼈 골
高 높을 고
髟 털늘어질 표
鬪 싸울 투
鬯 기장술 창
鬲 오지병 격
鬼 귀신 귀

11획

魚 물고기 어
鳥 새 조
鹵 소금밭 로
鹿 사슴 록
麥 보리 맥
麻 삼 마

12획

黃 누를 황
黍 기장 서
黑 검을 흑
黹 바느질할 치

13획

黽 맹꽁이 맹
鼎 솥 정
鼓 북 고
鼠 쥐 서

14획

鼻 코 비
齊 가지런할 제

15획

齒 이 치

16획

龍 용 룡
龜 거북 귀

17획

龠 피리 약